AF467630

Roger BULIT

GOURDON

LES ORIGINES

LES SEIGNEURS, LES CONSULS et la COMMUNAUTÉ

(jusqu'à la fin du XIVe siècle)

IMPRIMERIE SAINT-MICHEL
74, Rue des Récollets, 74
TOULOUSE

1923

Roger BULIT

GOURDON

LES ORIGINES

LES SEIGNEURS, LES CONSULS et la COMMUNAUTÉ

(jusqu'à la fin du XIVe siècle)

Mémoire admis par la Faculté des Lettres de Toulouse en Juin 1923

IMPRIMERIE SAINT-MICHEL
74, Rue des Récollets, 74
TOULOUSE

1923

AVANT-PROPOS

Les origines de Gourdon et son histoire au Moyen âge sont restées, jusqu'ici, à peu près inconnues. C'est à peine si le Bulletin de la Société des Etudes du Lot (année 1880) renferme une trentaine de pages consacrées, par MM. Combarieu et Cangardel, à la communauté gourdonnaise du dixième au quatorzième siècle (1).

Enfin, ces derniers mois, « L'Avenir Gourdonnais » a fait paraître une suite d'articles de M. A. Linol (2), ancien maire, sur le passé de notre ville, mais les trois premiers seulement, d'ailleurs très sommaires, concernent le Moyen âge, et la monographie proprement dite ne commence qu'avec le dix-septième siècle (3).

Il y a donc intérêt à publier une étude approfondie sur les origines de notre localité et les premiers siècles de son histoire du moment que la masse des documents, conservés aux archives municipales de Gourdon ou aux archives départementales de Cahors, de Montauban, et d'ailleurs, en fournit la possibilité (4).

C'est cette étude que nous présentons au public.

---

(1) Bulletin de la Société des Etudes du Lot, tome VI (année 1880), p. 141 et suivantes « Gourdon et ses seigneurs du Xe au XIVe siècle » par MM. L. Combarieu, archiviste, et F. Cangardel, bibliothécaire.

(2) Nous tenons à remercier ici *M. A. Linol* pour la grande amabilité qu'il nous a toujours témoignée.

(3) Voir ces intéressants articles dans le journal « L'avenir Gourdonnais » du 23 décembre 1922 au 31 mars 1923. « La monographie de la commune de Gourdon de 1600 à 1900 » commence avec le quatrième article (numéro du 13 janvier 1923).

(4) On a cru longtemps qu'il y avait, à Londres, au Public Record Office et au British Museum, un grand nombre de documents intéressant Gourdon et les autres localités de notre province au Moyen âge, documents que les Anglais, en quittant le pays, auraient emporté avec eux. En réalité, M. le chanoine Albe, au cours de ses recherches en Angleterre, n'y a trouvé, relativement, que fort peu de renseignements sur le Quercy,

Mais qu'on ne s'y trompe pas, ce livre ne renferme pas une histoire complète de notre cité au Moyen âge. Il s'arrête, en effet, au déclin du quatorzième siècle et, pour la période qu'il concerne, après avoir parlé des temps primitifs, il ne traite, comme son titre l'indique, que des seigneurs, des consuls et de la communauté, laissant délibérément de côté notamment les institutions religieuses, les établissements hospitaliers, et les événements qui s'y rapportent.

Le problème des origines, nous avons cherché à l'envisager dans toute son ampleur : il y a longtemps déjà que l'histoire ne commence plus avec les premiers documents écrits; puisque l'état actuel des recherches nous le permettait, nous avons décrit les gisements et les *temps préhistoriques* dans le Gourdonnais.

Mais pour nous conformer aux règles d'une bonne méthode, il fallait faire précéder notre étude d'une introduction géographique; en rendant *géologique* cet aperçu descriptif du pays, nous avons cru rationnel, (et peu banal au seuil d'une monographie locale), d'esquisser brièvement les étapes de la formation du sol avant d'y faire apparaître l'homme.

Qu'on ne vienne pas nous dire que nous avons trop fait de géologie, que nous sommes entrés dans des détails beaucoup trop techniques pour être compris de la majorité de ceux qui nous liront... La géologie n'est-elle pas, par excellence, avant la Préhistoire elle-même, la science du commencement et, comme on l'a dit, « la géographie en profondeur et la seule vraiment historique »?...

Et, d'ailleurs, qu'on se rassure, les abondantes notes explicatives dont nous avons eu soin de munir nos pages, suffiront, croyons-nous, à permettre au lecteur de saisir ce que le défaut d'une initiation géologique lui interdirait de comprendre.

La difficile question des plus lointaines origines une fois traitée, nous avons abordé la partie principale de cet ouvrage, l'étude des deux grandes forces sociales en conflit dans la Cité Gourdonnaise du Moyen âge : les Seigneurs et la Communauté, défendue par ses représentants, les Consuls.

Faire apparaître ces deux forces à leurs dates respectives, puis retracer leur évolution qui s'accomplit par l'affaiblissement de la puissance seigneuriale tandis que croissent les pouvoirs du Consulat, c'est là tout l'objet des chapitres proprement historiques de ce livre.

En l'achevant, nous tenons à témoigner notre profonde reconnaissance à *M. le chanoine E. Albe*, l'éminent érudit, qui, avec tant de générosité et de noble désintéressement, nous a fourni les renseignements nécessaires pour la composition de la partie historique de ce travail (1), et a bien voulu accepter d'en revoir le texte avec autant de soin que d'amical dévouement.

Il nous est doux, en même temps, de donner un pieux souvenir à notre regretté maître *Emile Cartailhac* à l'attente scientifique duquel les recherches préhistoriques, faites autour de Gourdon au cours de ces cinq dernières années, ont si bien répondu.

Nous remercions aussi *M. Armand Viré*, le savant naturaliste et préhistorien, explorateur de Lacave, pour sa collaboration dévouée dans nos investigations

(1) Nous indiquons en note, au bas des pages, par cette mention : « *E. Albe. — Notes communiquées* », les renseignements dûs à M. le Chanoine Albe.

aux alentours de la ville, ses directives, et la diligence qu'il a mise à revoir l'introduction géologique et le chapitre premier de cet ouvrage; *M. l'abbé Jean Bouyssonie*, l'illustre inventeur de l'Homme de la Chapelle-aux-Saints, pour son obligeance à nous communiquer ses observations sur les gisements préhistoriques des environs de Gourdon; *M. le comte Bégouen*, dont l'enseignement a été pour nous si précieux, pour la grande amabilité qu'il nous a toujours témoignée et l'intérêt qu'il a pris à nos travaux; *M. Calmette*, professeur à la Faculté des Lettres de Toulouse, pour ses conseils autorisés et la bienveillance que nous avons trouvée auprès de lui.

Que tous ceux qui nous ont aidé reçoivent ici l'expression de notre bien vive gratitude.

Roger Bulit,

Membre de l'Institut International d'Anthropologie et de plusieurs Sociétés Savantes.

INTRODUCTION

Le Pays : Gourdon et ses environs ; L'Histoire Géologique.

L'*étymologie* du nom de *Gourdon* (en latin Gurdonum, Gordonium, Gordonum; en roman, Gordo ou Gurdo) a préoccupé les chercheurs.

Les uns pensent l'avoir découverte dans la décomposition du mot en son radical *gor* ou *gur*, qu'on rencontre dans des idiomes variés où il a généralement le sens de corbeau, et sa terminaison *don*, do, dunum, ou *dun* qui exprime, en langue celtique, l'idée d'élévation de terrain, de montagne, de position fortifiée, et se retrouve dans un grand nombre de noms de lieu : ainsi *Gourdon* (gour, corbeau et don, hauteur) signifierait « Mont des Corbeaux ».

D'autres font dériver ce nom (1) de *gurd*, forme qui fut très probablement celtique à l'origine, et servait en latin populaire à désigner les gens grossiers, rustres ou sots (2); c'est l'opinion émise, d'ailleurs avec des réserves prudentes, par l'érudit allemand Holder (3).

---

(1) Nous ne disons rien de l'idée qui voit dans *Curto* + *dunon*, Curtiodunum, Curcio, l'étymologie de *Gourdon* : Curtiodunum, en effet, donne *Courson* (Yonne), Courçon (Charente-Inférieure), *Courchons* (Basses-Alpes), mais pas *Gourdon* (cf. *Holder*, Alt-Celtischer Sprachschatz tome I, col 1203).

(2) *Quintilien*. De institutione oratoria. livre 1, ch. 5.

(3) *Holder*. Alt-Celtischer Sprachschatz, tome I, col. 2044 et 2045, au mots Gurdo, Gordonis, etc.

La première explication est ingénieuse, mais se heurte à une forte objection : en effet, le terme *dun*, don est bien un substantif celtique (1) qui veut dire hauteur, forteresse, et entre dans la formation du nom de localités diverses comme Cambodunum, Cambon dans la Loire-Inférieure; Senodunum, Seandun ou Shandon, en Irlande; Lugdunum, Lyon, etc. (2). Mais le radical *gor*, lui, n'appartient pas à la langue des Celtes (3); sans doute, ce mot, étant une onomatopée du cri du corbeau, est usité dans beaucoup d'idiomes où il désigne ordinairement cet oiseau (4), mais, dans d'autres, c'est la couleur de celui-ci qui a servi à le dénommer (5); la langue celtique est de ce nombre : chez les Gaulois, c'était le mot *brann* (noir) qui signifiait le corbeau. Par suite, pour que Gourdon voulût dire « Mont des Corbeaux » en celtique, il faudrait qu'il renfermât le terme *brann* à la place de *gor*, ce qui ferait Branndun, Branndunum; ce nom existe et a donné Brandon, en Saône-et-Loire, Brantôme (Dordogne). Si l'on admettait cette première interprétation

(1) *Longnon*. Les noms de lieu de la France (1er fascicule, page 26 et suivantes.)

Longnon. Géographie de la Gaule au VIe siècle, page 218.

Desjardins. Géographie de la Gaule romaine. 4 vol., passim.

D'Arbois de Jubainville. Recherches sur l'origine de la propriété foncière et des noms de lieu habités en France. p. 399. et passim.

D'Arbois de Jubainville. Les premiers habitants de l'Europe, tomes I et II. passim.

(2) Augustodunum. *Autun;* Verodunum. *Verdun;* Eburodunum. Yverdon et Minnodunum, Moudon. tous deux situés en Suisse dans le canton de Vaud; Curtiodunum, Courson.

(3) Communication faite à l'auteur par *M. Emile Ernault*, le savant celtisant français, professeur à l'Université de Poitiers. — Le mot Kor existe bien en celtique mais avec un tout autre sens que celui de corbeau.

(4) C'est ainsi qu'on trouve : en sanscrit *Kârava*, pour le corbeau; en grec, *Korax;* en latin, *corvus;* en roman, *corb* ou *gorp;* en suédois, *Korp;* en persan, *Karak;* en italien, *corvo;* en espagnol, *cuervo;* en patois quercynois actuel, *gor*, etc. Sur ces questions, voir *A. Pictet*. Les origines indo-européennes. Essai de Paléontologie linguistique, tome I, p. 472— et *Mistral*. Dictionnaire provençal-français.

(5) C'est ainsi que les Russes ont appelé le corbeau *Voronu* (de voroni, couleur bleu noir de l'acier); les Lithuaniens, *warnas* (noir), etc. voir Pictet. Ibidem.

du nom de Gourdon, celui-ci ne pourrait donc pas être de formation exclusivement celtique.

Mais alors ne serait-il pas possible de le considérer comme un mot de composition mixte, celtique par sa terminaison et d'origine plus récente, gallo-romain par exemple, par son radical *gor?* — Cela paraît difficile car l'onomatopée du cri du corbeau (cor) ne présente pas anciennement de *g* (1), mais un *c* ou un *k* (2); or le nom de Gourdon est d'une haute antiquité : on le trouve dans les textes, nous le verrons, dès l'époque des invasions, et tout porte à croire qu'il remonte à des temps bien antérieurs.

Les objections que rencontre une décomposition en *Gour+don* ont porté certains érudits à regarder comme plus probable la seconde opinion qui voit dans *Gourdon* une dérivation en *on* de la forme très probablement celtique *gurd* (3) et du mot latin *gurdus*.

Bien que cette explication semble plus acceptable, elle ne présente pas des caractères de certitude suffisante pour qu'on puisse considérer comme tranchée la question de l'étymologie du nom de Gourdon. Mais, en donnant à celui-ci une origine celtique, elle offre les avantages de la première interprétation sans en avoir les inconvénients : elle évite, en effet, les objections auxquelles se heurtait celle-ci, tout en expliquant, comme elle, pourquoi le nom de *Gourdon* se retrouve sur plusieurs points de la France et aussi, en dehors

(1) Le *g* n'apparaît, semble-t-il, dans le nom du corbeau qu'avec la langue romane.

(2) Communication de M. Emile Ernault.

(3) La syllabe *gurd* est peut-être aussi *ibérique* (voir *Holder*. Alt-Geltischer Sprachschatz (tome I, col. 2045). En tous cas, on la trouve dans la langue des *Pictes*, populations *Celtiques* du groupe *Gaélique* (Picti, les Gaëls au corps peint) qui habitaient, aux *âges du fer*, les Iles Britanniques où ils avaient supplanté des peuplades d'origine ibérique.

de nos frontières, dans les pays autrefois soumis à la domination des Celtes (1).

I. — La Ville de Gourdon.

Si Gourdon placé aux confins du Quercy et du Périgord se rattache administrativement et *par son histoire* à la première de ces deux provinces, il se rapproche plutôt de la seconde par la nature du sol.

La ville et ses alentours sont compris, en effet, dans le *bassin crétacé* et *tertiaire* (1); les terrains du

---

(1) Le nom de Gourdon se rencontre fréquemment en France et même à l'étranger. C'est là un fait qu'il faut toujours avoir présent à l'esprit quand on étudie l'histoire de cette ville pour éviter d'appliquer au *Gourdon Quercynois* des documents où il serait question d'un Gourdon autre que celui qui nous occupe.

On trouve, en effet, un *Gourdon* dans l'Ardèche; un *Gourdon* dans les Alpes-Maritimes; un *château de Gourdon* dans la commune de Chamboulive (arrondissement de Tulle); un hameau de *Gourdon* dans la commune de Murat (arrondissement d'Ussel); deux *Gourdon* dans la Dordogne, deux hameaux de la *Gourdonnie* dans le même département, l'un dans l'arrondissement de Bergerac, l'autre près de Campagnac-lès-Quercy; il y a encore un *Gourdon dans l'Indre;* un *autre* en Saône-et-Loire (arrondissement de Châlon); un château de *Gourdon* à Sancerre, dans le Cher; un hameau de *Gourdon*, dans le Var; d'autres hameaux de *Gourdon* dans la Haute-Loire et le Puy-de-Dôme (voir *Joanne*, Dictionnaire géographique de la France, au mot *Gourdon* et les ouvrages précédemment cités.)

(1) Qu'il nous soit permis de donner ici quelques explications destinées à permettre au lecteur peu au courant de la *géologie* de comprendre cependant la présente *Introduction*. Les temps géologiques ont été divisés, on le sait, en cinq grandes *ères* : l'ère *archéenne* ou *primitive;* l'ère *primaire*, *secondaire*, *tertiaire* et enfin *quaternaire*, dès le début de laquelle on constate la présence de l'homme sur la terre.

Ces *ères* ont été partagées à leur tour en un certain nombre de *périodes* : c'est ainsi que l'ère secondaire a été subdivisée en trois périodes : *triasique*, *jurassique*, *crétacée*. L'ère tertiaire en quatre *éocène*, *oligocène*, *miocène et pliocène*. Chacune de ces périodes comprend un certain nombre d'*étages* et *sous-étages*.

Les étages supérieurs du *jurassique* sont, par exemple : *callovien*, *oxfordien*, *séquanien*, *kimeridgien* (avec les *sous-étages ptérocérien* et *virgulien*), *portlandien*.

Le *crétacé* comprend : comme étages inférieurs. (*infra-crétacé*) le *néocomien*, le *barrémien*, *l'aptien*, *l'albien* ou *gault:* et comme étages supérieurs (*supra-crétacé*) le *cénomanien*, le *turonien* (avec les sous-étages *ligérien* et *angoumien*), le *sénonien* (inférieur ou *emschérien* avec les sous-étages *coniacien* et *santonien;* et supérieur ou *aturien* avec les sous-étages *campanien* et *dordonien*), le *danien* et le *montien*.

Les terrains de *Gourdon* et de ses alentours appartiennent, en majeure partie, au *crétacé supérieur* (étages *Turonien* et *Sénonien*) ou au *Sidérolithique* qui se place dans la première partie de *l'ère tertiaire*. C'est

crétacé supérieur et du *sidérolithique* (1) qui dominent dans le Sarladais et le Périgord, se prolongent dans le Gourdonnais surtout dans sa partie occidentale, et il faut aller à une certaine distance de Gourdon, vers l'est ou le sud, pour atteindre la zone jurassique et le causse à la végétation semi-désertique.

La ville (2) elle-même est solidement adossée à une colline qui s'élève à 256 mètres d'altitude, essentiellement constituée par du sidérolithique et des sables du Périgord. Elle est surmontée d'une butte occupée par d'énormes blocs de grès compact, formant des amas

---

seulement sur les pentes de certaines vallées, ou bien vers le sud (vallée du Céou) et l'est de la ville (St-Projet) que l'on trouve d'importantes étendues de *jurassique supérieur* (étages *virgulien* et *portlandien*. Sur toutes ces questions, consulter : *A. de Lapparent*, Traité de géologie, tomes II et III; *Emile Haug*. Traité de géologie, tome II.

(1) Le *Sidérolithique* est une *formation spéciale* qui doit son nom (sideros fer et lithos, pierre). au minerai de fer qu'il renferme en abondance. Bien que ce type de terrain se soit constitué à *plusieurs époques*, on le place généralement, dans la première partie de *l'ère tertiaire*, à la fin de *l'éocène*, ou plutôt à *l'oligocène inférieur* parce que c'est durant cette période que le *phénomène sidérolithique* a atteint sa plus grande intensité.

Les Sables du Périgord sont des *sables sidérolithiques* mélangés à d'autres sables résultant de la décomposition des calcaires gréseux *sénoniens*.

Le *Sidérolithique* comprend des dépôts de décalcification, tels que des minerais de fer à l'état de limonite, des argiles ferrugineuses et phosphatées, des argiles rouges à grains de limonite, etc.; il comprend aussi des dépôts de transport; sables ferrugineux, argiles sableuses, galets de quartz ou de granite provenant du Massif Central. Il possède des *grès compacts* présentant vaguement l'aspect de ruines (par exemple au château de Gourdon, à Peyrelevade, au-dessus de Prouilhac, au Rouquiers, près du Pied Noir). Cf. *E. Fournier*. Etudes géologiques sur le *Haut-Quercy* (dans le Bulletin des services de la carte géologique de la France, n° 78, tome XI, 1899-1900).

(2) *Armand Viré*. Le guide du Lot.

Eugène Fournier. Opere citato.

Delpon. Statistique du département de Lot, tomes I et II.

Carte géologique de la France au 80.000^e, n° 194, feuille de Gourdon.

La ville de *Gourdon* est située à 40°44'15" de latitude et à 0°57'18" de longitude (ouest).

La commune de *Gourdon* a une *superficie* de 4.546 hectares.

rumiformes, et jadis couronnée d'un superbe château-fort dont il ne reste plus aujourd'hui que quelques vestiges.

Du haut de la butte, on découvre au-dessus des campagnes gourdonnaises un des plus splendides horizons qu'il soit donné au touriste de contempler. Ardouin-Dumazet (1) le grand voyageur français au pays de France, nous en fait la description suivante : « L'horizon apparaît (de là-haut) étrangement circulaire. Des collines de même hauteur, à peine ondulées, font le cadre du vaste panorama. Les bois de chênes, de châtaigniers, les plantations de noyers occupent la plus grande partie du sol, les champs cultivés ne sont que des clairières. Peu de centres de population... A l'est et au nord, les toits dissimulés dans les arbres deviennent moins nombreux. Le moutonnement des châtaigniers est la beauté de ces collines qui vont finir à une ligne rigide formée par la bordure du Causse, vers Payrac. »

De la plate-forme du château, on peut voir le plan tourmenté de la ville. La colline tombant abrupte du côté du Nord et descendant, au contraire, vers le Sud en pente douce, c'est vers le sud que la cité s'est construite et développée.

Le vieux Gourdon. — A côté de la butte du château, se dressent les deux tours de l'église de Saint-Pierre bâtie de 1304 à 1514 et dominant la campagne à plusieurs lieues à la ronde. A côté d'elles s'élève l'hôtel de Ville, l'hôtel des Consuls « lou Coussoulat »; le souvenir de son importance, plusieurs fois séculaire,

(1) *Ardouin-Dumazet.* Voyage en France, 32e série (1903), p. 17 et suivantes. Voir aussi les articles de *M. Eugène Grangié* sur le « fier Gourdon » dans le *Journal du Lot* (décembre 1920).

est resté gravé dans l'esprit des habitants.

Autour de l'église, on remarque de vieilles demeures, notamment celle où naquit, en 1762, le conventionnel Jean-Baptiste Cavaignac.

Sur la place de Saint-Pierre viennent converger les rues escarpées qui montent du Tour de Ville, boulevard circulaire, entourant la colline, sur l'emplacement du fossé bordant les remparts qui jadis défendaient Gourdon.

Ce boulevard enserre la *vieille ville,* la ville du Moyen âge, aux maisons des quatorzième et quinzième siècles qui furent les hôtels des nobles et des riches bourgeois de la cité.

Les faubourgs. — Au cours des âges, au fur et à mesure de son développement, la ville s'est sentie trop à l'étroit dans sa forte ceinture de retranchements; elle a éprouvé le besoin de s'accroître hors de ses murs, et c'est de là que sont nés les faubourgs des Capucins et de Saint-Siméon, à côté des monastères des Cordeliers et des Clarisses qui florissaient jadis hors des remparts.

Ces faubourgs, avec les maisons qui se sont établies sur l'emplacement des murailles après leur démolition, constituent la partie relativement neuve de la ville, dominée par les clochers de l'église des Cordeliers, qui possède un superbe bénitier baptistère orné des statues du Christ et des Apôtres, et de saint Siméon, dont la chaire, soutenue par la statue d'Hercule agenouillé, fait l'admiration du touriste (1).

---

(1) *Gourdon*, bâti sur une colline, subit la terrible loi de la *géographie humaine* qui veut que les « *villes perchées* » se meurent peu à peu d'épuisement; chaque recensement accuse un déclin dans le chiffre de sa population décimée par l'émigration vers les grands centres et l'insuffisance du nombre des naissances comparé à celui des décès.

La ville, avons-nous dit, repose sur le *sidérolithique et les sables du Périgord.* Mais si cette formation domine à Gourdon et aux alentours, elle n'est pas la seule qu'on y rencontre.

Les pentes de la vallée du *Bléou,* ruisseau qui baigne Gourdon, et dont le thalweg est encombré d'*alluvions modernes,* sont constituées d'une étroite bande de *virgulien* (1) annonciateur du *jurassique* de la région voisine du Causse.

Du côté de la station du chemin de fer, on voit affleurer du Turonien (2). C'est dans ce terrain qu'a été creusée la large tranchée qui a permis l'établissement de la gare et le passage de la ligne de Paris à Toulouse.

Le *Turonien* continue le long de cette ligne et de celle de Sarlat. Il forme aussi des enclaves dans le Sidérolithique un peu au-dessus de la gare, en allant au Vigan, et le long de la route du Mont-Saint-Jean (3) et du chemin de la Garrigue.

Au nord de la ville, commence le *Sénonien* (4) qui domine avec le *Sidérolithique* dans la Bouriane dont nous allons maintenant parler; il se fait déjà sentir

(1) Le *virgulien* est un sous-étage du Kimeridgien qui appartient lui-même à la période *jurassique supérieure.* Il est formé de marnes et de terrains calcaires marneux où l'on trouve notamment les fossiles *Exogyra Virgula et Terebratula subsella.*

(2) Le *Turonien* est un étage important du *crétacé supérieur;* il comprend deux sous-étages : le *ligérien* constitué de calcaires blancs où l'on rencontre, entre autres fossiles, *Inoceramus labiatus;* et *l'Angoumien* au calcaire compact et fissuré à *Biradiolites cornupastoris* (V. *E. Fournier*, op citato).

(3) Au *Mont Saint-Jean* existait jadis un monastère célèbre dans l'histoire de Gourdon.

(4) Le *Sénonien* est un étage du crétacé supérieur qui s'intercale entre le Turonien et le *Danien.* Il comprend deux étages : *l'emschérien* (avec les sous-étages *coniacien* et *santonien*) et *l'aturien* (avec les sous-étages campanien et dordonien). Le *coniacien* est représenté aux environs de Gourdon par des calcaires jaunâtres employés comme *pierres de taille;* il renferme *Ostrea petrocoriensis.* Le *Santonien* est constitué par des calcaires sableux à *Hippurites dilatatus, Radiolites fissicostatus* (Cf. *Eug. Fournier*, op. citato).

du côté du Titre où un îlot de Sénonien est compris entre le *sidérolithique* de la ville et le *Turonien* de la ligne de chemin de fer.

II. — Les environs de Gourdon.

La Bouriane. — Au nord de Gourdon, s'étend une région, d'aspect assez particulier, désignée sous le nom de la « *Bouriane* » (1).

Historiquement, elle couvrait de vastes espaces à la fois en Quercy et en Périgord, comprenant les villages de Milhac, Nadaillac, Payrignac, Saint-Cirq-Madelon, Nozac, Fajoles, Rouffilhac, Prouilhac, en Quercy, et Nabirat, Saint-Martial, Gaumier, Bouzic, Florimon et même Campagnac-lès-Quercy, en Périgord.

Nous ne nous occuperons ici que de la *Bouriane Quercynoise*.

Elle est principalement formée de dépôts sablonneux-argileux et présente, dans les dépressions, des marécages d'où naissent de petits ruisseaux. C'est une contrée à laquelle une bonne irrigation et une verdure abondante donnent une grande fraîcheur. Ses collines sont peu cultivées mais assez boisées. Le chêne et le pin y dominent avec le châtaignier (*châtaigneraies*) et le noyer, une des principales richesses du pays. Les plateaux sont fertiles; les champs, entourés de haies d'aubépine, y produisent notamment du blé,

(1) Ce *nom* lui vient, dit-on, de l'habitude qu'ont les indigènes d'employer couramment *l'âne* au lieu du bœuf pour labourer le sol léger, sablonneux et facile à retourner de cette région. *M. Léon Blat*, le poète de la *Bouriane*, l'a définie en forts beaux vers :

« Gourdon, burg féodal, du haut d'un roc, domine
Un *agreste plateau* dont la terre est si fine,
Qu'au lieu de bœufs pesants qui vont, courbant leur front,
Un âne, tête haute, y creuse un bon sillon.
Et de là vient son nom si doux : *La Bouriane* .»

du seigle, du maïs, de la vigne et surtout une grande quantité de raves qui servent à la nourriture des bestiaux. Les dépressions marécageuses laissent croître les peupliers, les aulnes et les saules, et fournissent des pâturages (1).

Au point de vue *géologique* (2) qui est le nôtre, on peut distinguer dans la Bouriane *deux zones essentielles* : la zone sénonienne, tout entière comprise dans cette contrée, et la zone sidérolithique qui la déborde vers le sud et le sud-est.

La zone sénonienne de la Bouriane. — La *zone sénonienne* est bornée dans ses grandes lignes, à l'est, par la route de Gourdon à Milhac depuis la Vaysse jusqu'à la vallée de la Melve, puis par la route du Piage et du Barri; hors de cette limite, le *sénonien* s'étend dans le *sidérolithique* en bandes étroites, notamment le long d'un affluent de rive droite du ruisseau de Nozac, le long de la route de Milhac à Vayssac et des pentes de la vallée de la Melve.

Le *Sénonien* forme encore des îlots dans le *sidérolithique* notamment à la Vayssière et, à la sortie de Gourdon, de Donadieu et Roque-Meirine à la Vaysse et à Mandou.

Au sud-ouest, la zone sénonienne de la Bouriane est limitée par la route de Gourdon à Sarlat jusqu'à la Mouline, près Grolejac; à gauche de cette route, en allant vers Sarlat, on trouve, dans le *sidérolithique* du sud-ouest, des enclaves de *Sénonien*, notamment à Empérigord où un important îlot de cette formation se prolonge le long de la vallée, sur la rive gauche de la *Marcillande*, ruisseau de Saint-Cirq-Madelon.

---

(1) *Delpon*. Statistique du Lot, tome II, p. 70.
(2) Voir la *Carte géologique au 80.000*e, n° 194, feuille de Gourdon.

Cette zone comprend elle-même d'importantes étendues de *sidérolithique* notamment au nord de Milhac, puis sur les hauteurs du Piage, ainsi qu'à Cougnac et le long du chemin qui va de ce lieu à Laborie-Basse et à Roque-de-Val; elle renferme aussi des enclaves de *Terre des causses et sidérolithique remanié* (1) dans ce dernier lieu et à Nadaillac.

Elle est sillonnée par de nombreux ruisseaux dont l'un est à retenir : la *Melve* qui la traverse, et reçoit vers Milhac son principal tributaire, le ruisseau de Nozac. Les pentes des vallées de la Melve et de son affluent sont constituées par du Turonien tandis que leur thalweg est encombré d'alluvions récentes.

Cette zone sénonienne de la Bouriane renferme de nombreuses *grottes*, notamment au Piage, à l'Hermitage, près Milhac, à Roque-de-Val, dont plusieurs furent habitées dès les temps préhistoriques comme l'ont prouvé les recherches dont il sera parlé dans le *chapitre premier.*

Elle forme, en quelque sorte, la région essentielle de la Bouriane car elle en possède le chef-lieu historique, *Milhac*, l'ancienne Villeneuve, dont le château-fort, jadis la résidence préférée des comtes de Thémines, co-seigneurs de *Gourdon*, est remarquable par sa position au sommet d'un rocher escarpé, et les restes de ses dix tours qui lui donnent encore l'aspect d'une redoutable forteresse commandant à toute la campagne environnante.

A la limite du *sénonien* de la Bouriane et du *sidé-*

---

(1) *Terre des Causses et Sidérolithique remanié :* cette formation comprend des produits plus ou moins remaniés de décalcification (argiles rouges ferrugineuses), de la terre rouge argileuse remaniée et mêlée de calcaires et de galets de quartz, du sidérolithique entraîné au fond des vallées sèches et mélangé à des éboulis et à des limons alluviaux. *Cf. E. Fournier*, opere citato, p. 24.

rolithique du sud-ouest, se trouvent Saint-Cirq-Madelon et Nadaillac dont le château, réduit à quelques vestiges, rappelle l'occupation anglaise et la guerre de Cent ans.

La zone sidérolithique (1). — Exception faite du *sénonien*, la *Bouriane* est constituée par le *sidérolithique* et les *sables du Périgord.*

La zone où prédomine cette formation enserre la région sénonienne au sud-ouest et à l'ouest comme à l'est, mais elle la déborde vers l'est et le sud.

On peut distinguer dans la *Bouriane sidérolithique* deux parties : l'une occidentale, l'autre orientale.

La *partie orientale* est située au nord-est de *Gourdon.* Elle est limitée à l'ouest par la zone *sénonienne*, à l'est par les terrains *virguliens* (jurassique) qui commencent vers Saint-Projet et Relhaguet; vers le sud, elle déborde les limites de la Bouriane pour s'étendre jusqu'à la vallée du Bléou et la route de Gourdon au Vigan. Elle comprend vers l'ouest les enclaves de *sénonien* que nous avons précédemment signalées en parlant de la région où domine cette formation. Elle est sillonnée par les ruisseaux de la Melve (cours supérieur), de Nozac, du Piage; les pentes des vallées de ces petits cours d'eau sont généralement constituées de *Turonien* ou même de *Virgulien* (à l'est); ces mêmes terrains couvrent de vastes espaces compris entre ces vallées.

Cette partie de la contrée gourdonnaise renferme les villages de Fajoles, Rouffilhac, Nozac, Prouilhac (2), dans la Bouriane; dans la vallée du *Bléou* se trouve

(1) *Carte géologique de la France au 80.000e*, n° 194, feuille de Gourdon.

(2) Historiquement Prouilhac faisait partie de la Bouriane.

le Vigan qui possède une très belle église du quatorzième siècle.

La zone occidentale, située à l'ouest de Gourdon, borde au sud-ouest le *sénonien* de la Bouriane; elle s'étend hors de celle-ci, dans la direction du sud, vers la vallée du Céou et la région *portlandienne* du Gourdonnais.

Elle comporte des étendues assez considérables de *Turonien* et même de *Virgulien* le long des dépressions (par exemple, une enclave importante de Turonien autour de Nabirat (1); du *Sénonien* à Empérigord. Vers le sud, commence le *Portlandien* dont elle possède des îlots, non loin des Vitarelles, vers le château de Léobard et Bajou, ainsi que sur l'ancienne route de Salviac (2), à la hauteur du Pied Noir.

Elle renferme le village de *Payrignac*, aux confins, de la Bouriane, que concerne un des plus anciens documents écrits que l'on possède sur *Gourdon* : la donation de l'église de Saint-Agapit, par le seigneur Odo'ric. au monastère de Sarlat (3). Près de la Fontade, au *Rouquiers*, derrière le Pied Noir à la sombre forêt de pins, on peut admirer d'énormes blocs de grès compact, fréquents dans le sidérolithique, qui semblent bien avoir servi d'habitat aux temps préhistoriques (4).

La zone sidérolithique du sud-est de Gourdon (5). — Le sidérolithique, qui domine à Gourdon et dans la Bouriane, couvre encore une surface considérable,

---

(1) Nabirat est situé dans la Bouriane Périgourdine.
(2) Cet îlot de *portlandien* de la route de Salviac est juxtaposé à du *virgulien*.
(3) Voir chapitre II.
(4) Voir chapitre I.
(5) *Carte géologique de la France au 80.000e*, n° 194, feuille de Gourdon.

au sud-est de la ville, à l'est de la vallée du Bléou. Cette nouvelle zone, particulièrement boisée, comporte de nombreuses bandes de virgulien occupant les pentes des dépressions où coulent les ruisseaux de Saint-Romain, du Vigan, pour la plupart affluents du *Bléou*.

Celui-ci prend sa source au-dessous de Saint-Projet, traverse le Vigan et, arrivé au pied de *Gourdon*, tourne brusquement vers le sud pour aller se jeter dans le *Céou*, non loin du château de Perrigal et de la gare de Saint-Clair, après être passé devant l'oratoire de Notre-Dame des Neiges, but d'un pèlerinage fréquenté, et le château féodal du Moulin en face de la chapelle.

D'après les études de M. Eugène Fournier (1) sur le régime des eaux dans le Haut-Quercy, le Bléou s'écoulait jadis vers Payrignac, et de là, par la vallée de Saint-Cirq-Madelon, dans la Dordogne. C'est à un phénomène de capture, survenu au début du quaternaire et résultant du déplacement de niveau de base des eaux, qu'est dû le changement de direction de ce ruisseau.

La zone portlandienne du Sud (2). — Au sud de la zone sidérolithique gourdonnaise, s'étend une vaste région de *portlandien* (3). Le pays est ici plus aride, les collines plus dénudées, les prairies moins riantes, les cultures plus maigres sauf dans les vallées.

Cette nouvelle zone est traversée, dans sa partie septentrionale, par le *Céou* qui prend sa source, non

(1) E. Fournier. Etudes géologiques sur le Haut-Quercy. Etudes sur le régime des eaux dans le Quercy (Bulletin des Services de la carte géologique, n° 78, tome IX, 1899-1900).

(2) *Carte géologique de la France au 80.000e*, n° 194, feuille de Gourdon.

(3) Le *portlandien* est l'étage final du jurassique supérieur; il est formé de calcaires blancs ou jaunâtres souvent feuilletés, ou encore de calcaires blancs compacts (Cf. *E. Fournier*, op. citato.)

loin de Montfaucon, dans les terrains *virguliens* de l'est, et va se jeter dans la Dordogne à Castelnau.

Les pentes de sa vallée sont constituées par du *virgulien* jusqu'à la hauteur de la station de Saint-Clair, en aval de Concorès. A partir de là, après avoir reçu le Bléou qui vient de la direction de Gourdon, il coule vers le Périgord entre deux croupes de *portlandien*, en passant par l'*Abbaye-Nouvelle* où l'on voit les ruines grandioses du *monastère cistercien* jadis fondé par Guillaume de Salviac.

Cette zone *portlandienne* renferme des îlots de *sidérolithique* plus fertiles, notamment au nord de Dégagnac et à Salviac, du *virgulien* sur les pentes des vallées des affluents du Céou, enfin du *sidérolithique remanié* à Albecassagne.

Telles sont, rapidement esquissées, les zones naturelles des alentours de *Gourdon*.

III. — Conclusion :

L'Histoire Géologique.

Cette brève description du pays nous a fait entrevoir, en la replaçant dans son cadre géographique, la ville qui nous occupe. Mais, étant basée sur l'étude de la nature et de l'âge des terrains, elle va nous permettre maintenant de dégager les grands traits de l'*histoire géologique* du sol gourdonnais.

Ère secondaire : période jurassique. — Pendant l'ère secondaire, avant la fin de la *période jurassique*, ont apparu les terrains les plus anciens qui affleurent à Gourdon et aux alentours, les *calcaires virguliens;* ils sont localisés sur les pentes des dépressions avoisinantes, notamment de la vallée du Bléou, et, au sortir de la ville même, constituent cette étroite bande de virgulien qui domine le ruisseau du Bléou, le long de la ligne de chemin de fer, de Gourdon à Saint-Clair.

Durant le *virgulien*, la mer envahissait peu à peu le Quercy (1).

La phase finale de la période jurassique a vu la formation des calcaires *portlandiens* qui occupent une vaste zone, vers la vallée du Céou, au sud du sidérolithique gourdonnais à l'intérieur duquel ils constituent des îlots.

A cette époque, la mer se retirait lentement pour laisser émerger le Quercy durant toute la période *Infra-crétacée* (2).

Ere secondaire : période crétacée. — Vers la fin de l'ère secondaire, pendant la période *supra-crétacée* apparurent les terrains *turoniens*, puis *sénoniens*.

Les premiers affleurent, à Gourdon, à la gare du chemin de fer ainsi que le long de la route du Pont du Gué; ils forment des îlots près de la route du Mont-Saint-Jean. Aux environs de la ville, ils occupent souvent les pentes des vallées et des étendues assez importantes dans le *sidérolithique*.

Durant le *turonien*, la mer qui s'était retirée, à la fin du jurassique (au portlandien), revenait progressivement sur toute la bordure occidentale du Haut-Quercy (3).

Les terrains *sénoniens* constituent, au pied de la ville, l'îlot du Titre, et, aux environs, un grande zone dans la Bouriane avec des enclaves dans le sidéroli-

(1) *Eugène Fournier*. Etudes sur le régime des eaux dans le Quercy, p. 2.
(2) *E. Fournier*, Ibid.
(3) *E. Fournier*, Ibid.

thique au sud-ouest et à l'est de cette région. Au sénonien, la mer qui avait envahi de nouveau le Haut-Quercy, commençait à rétrograder vers l'ouest du Bassin Aquitain (1).

Ere tertiaire. — Enfin, pendant la première partie de l'ère tertiaire (éocène supérieur et surtout oligocène inférieur), les *formations sidérolithiques* ont recouvert le bassin crétacé. C'est sur elles, nous l'avons dit, que repose la ville de Gourdon; elles *dominent* aux alentours, occupant de vastes zones au sud-ouest, au nord-est, et au sud-est de la localité ainsi que dans la Bouriane.

A l'époque du sidérolithique, la mer se retirait définitivement du Haut-Quercy vers la partie occidentale du bassin aquitain; postérieurement au retrait de la mer, la partie orientale de ce bassin devait toutefois être encore recouverte, pendant une longue période, par des eaux douces lui donnant l'aspect d'un immense lac (2).

Depuis l'*ère tertiaire*, les phénomènes d'érosion qui se manifestent à toutes les époques, ont poursuivi inlassablement leur tâche d'usure et de nivellement tandis que les cours d'eau comme le Bléou, subissant parfois des changements de direction dus à des phénomènes de capture, accumulaient dans les dépressions les alluvions récentes.

Ainsi le territoire gourdonnais s'est formé en partie au cours de l'ère secondaire, à la fin des périodes *jurassique* (virgulien et portlandien) et *crétacée* (turonien et sénonien), et pour sa plus grande étendue

---

(1) *E. Fournier.* Etudes sur le régime des eaux dans le Quercy. pp. 2 et 3.

(2) *Eugène Fournier.* Etudes sur le régime des eaux dans le Quercy. p. 3.

durant *la première moitié de l'ère tertiaire (sidérolithique)*.

Ayant brièvement reconstitué *l'histoire de la formation du sol*, nous allons maintenant rechercher les origines de la ville qui y est née et s'y est développée. Ce sera l'objet des deux chapitres suivants : l'un consacré aux temps antérieurs aux documents écrits les plus anciens; le second à l'étude des premières informations historiques.

Après cela, et c'est le but principal de cet ouvrage, nous retracerons l'évolution des deux grandes forces sociales en rivalité dans la cité du Moyen âge : la Seigneurie et la Communauté, représentée par ses Consuls (neuvième au quatorzième siècles).

CHAPITRE PREMIER

Les Temps Préhistoriques

I. — La Grotte du Château à Gourdon.

Bien des siècles (1) avant les premières lueurs de l'histoire, le territoire Gourdonnais fut habité par des populations dont les recherches préhistoriques nous ont révélé l'existence. A Gourdon même, des fouilles pratiquées dans la grotte du château, il y a une trentaine d'années, ont démontré que la colline, aux flancs de laquelle devait s'élever la ville, avait été le témoin des vieilles civilisations de la pierre.

La découverte. — La découverte de cette grotte remonte à 1889; elle est due à M. Aussel qui faisait alors opérer le défrichement d'une partie des terrains qui entourent la butte du château.

---

(1) En *Préhistoire*, on ne peut pas donner, comme en *Histoire*, de *chronologie absolue*, c'est-à-dire des dates précises exprimées en unités de temps; les évaluations proposées jusqu'à ce jour, ne reposent sur aucune base vraiment solide; aussi est-il plus prudent, dans l'état actuel de la science. de se contenter, comme en *géologie*, d'une *chronologie relative* indiquant simplement la *succession* des phases de l'âge de pierre sans les évaluer en siècles ou en années. A ce point de vue, les préhistoriens ont divisé, à la manière des géologues, *l'immense durée* de cet âge en plusieurs périodes ou *stades de civilisation* : paléolithique inférieur : chelléen, acheuléen; paléolithique moyen : moustérien; paléolithique supérieur ou âge du Renne : aurignacien, solutréen, magdalénien. Au *Paléolithique* ou âge de la pierre taillée succéda le *Néolithique* ou âge de la pierre polie, préface lui-même des âges des métaux (Protohistoire) : cuivre, bronze, fer. Ce n'est qu'à partir de *l'âge du bronze* que l'on peut donner, approximativement. une chronologie précise. mais variable selon les régions.
Sur toutes ces questions, consulter : *Boule*. Les hommes fossiles, 2e édit. 1923. — *Déchelette*. Manuel d'archéologie préhistorique, 4 vol. 1908-1914; — *H. Obermaïer*. El hombre fosil 1916; — *Burkitt*. Prehistory, 1921; — *Macalister*. The paléolitic period, 1921; — et, si l'on veut, des ouvrages plus élémentaires : *Peyrony*. Eléments de Préhistoire. 1914; — *Capitan*. La Préhistoire (collection Payot), 1922; — *J. de Morgan*. L'humanité préhistorique (collection H. Berr. Evolution de l'humanité), 1921.

M. Aussel informa de sa trouvaille M. Gouloumès. Celui-ci s'intéressait à tout ce qui concerne le passé : il exécuta immédiatement un sondage dans le sol de la grotte d'où il retira divers produits de l'industrie lithique, et pria M. F. Bergougnoux, préhistorien déjà connu par ses recherches dans la région et par son ouvrage sur « Les temps préhistoriques en Quercy (1) », de venir visiter le nouveau gisement.

M. Bergougnoux se rendit aussitôt à l'appel de M. Gouloumès. Le 6 janvier 1890, il commençait ses fouilles; et, quelques jours après, il en publiait le compte-rendu dans « l'Avenir Gourdonnais » (2).

La grotte; son contenu. — La grotte est fort bien située au-dessus d'un horizon magnifique (3); elle regarde le couchant. Son ouverture, assez étroite, mesure seulement trois mètres de largeur. Sa longueur est de douze mètres; la hauteur maxima de sa voûte atteint 4 m. 60.

M. Bergougnoux nous dit qu'elle « était absolument intacte » lorsqu'il en a commencé l'exploration: « nous l'avons trouvée, ajoute-t-il, telle que les siècles passés l'avaient laissée » ce qui n'a rien d'étonnant lorsque l'on considère qu'elle était à peine visible quand M. Aussel la découvrit, ayant été recouverte par les éboulis et remplie au Moyen âge de gros blocs destinés à consolider les bases du formidable château-fort qui couronnait la butte dans le rocher de laquelle

(1) *F. Bergougnoux*. Les temps préhistoriques en Quercy (1887). Compte-rendu dans *Matériaux* (1888, p. 387 et seq.); — M. Bergougnoux a aussi écrit de nombreux articles de préhistoire, par ex. « Une sépulture troglodyte sur les bords du Célé. La grotte de la gare de Conduché », voir *Matériaux* (1888, p. 425).

(2) Journal « l'Avenir Gourdonnais » (numéro du 18 janvier 1890), voir article de M. Bergougnoux, intitulé « Une nouvelle découverte archéologique. La grotte du château de Gourdon ».

(3) Dans le jardin qui appartient actuellement à M. Serres, avocat à Gourdon.

l'excavation est creusée.

Le gisement de la grotte du château est constitué par une terre noirâtre et fine. Les objets que M. Gouloumès en avait retirés, dès avant l'arrivée de M. Bergougnoux, sont les suivants : divers ossements, quelques dents de rongeurs, quelques silex, un poinçon en os, divers percuteurs en silex, et une belle *hache* dont le coupant fut très soigneusement poli et bien arqué au moment de sa fabrication, un disque en terre cuite et une rondelle en os ouvragé.

M. Bergougnoux a trouvé lui-même dans l'épaisseur de la couche fertile : des silex; plusieurs débris de *haches polies;* une molaire d'*equus caballus;* une corne d'auroch; des dents et des cornes de *cerf;* une dent de *rhinocéros tichorhinus :* (cela semble surprenant dans un habitat néolithique) il devait y avoir du *paléolithique* que M. Bergougnoux n'a pas remarqué par suite, sans doute, d'un défaut de stratigraphie; une *belle hache en pierre polie;* deux ou trois grattoirs; un marteau; et deux percuteurs (ces derniers objets sont en silex et finement travaillés); des débris de poteries en assez grand nombre qui ont paru à M. Bergougnoux « appartenir à l'époque celtique ».

M. Viré qui a visité le gisement en 1915 y a trouvé lui-même plusieurs fragments de poteries qu'il conserve dans son Musée de Lacave.

Outre les objets signalés par M. Bergougnoux, M. Aussel, l'heureux inventeur de la grotte, y a découvert une belle hache en bronze, intacte; deux tronçons de lame d'épée de bronze. Ces deux tronçons forment les deux extrémités de la lame; il reste à trouver la partie médiane; d'après leur forme, il est facile de la reconstituer et de voir qu'elle avait de 60 à 65 centimètres.

Conclusion. — La nature des objets retirés de la grotte du château nous permet de conclure : 1° que ce gisement, classé par M. Bergougnoux dans le néolithique (âge de la pierre polie), a servi d'habitat vraisemblablement dès le *paléolithique* (âge de la pierre taillée) : la dent de *rhinocéros tichorhinus* nous le prouve; cet animal appartient à une faune depuis longtemps disparue à l'époque de la pierre polie; ses restes caractérisent le *paléolithique moyen.*

Rien d'étonnant à cela puisque, nous allons le voir tout à l'heure, les fouilles exécutées aux environs de Gourdon ont démontré que le pays avait été habité dès les temps de la pierre taillée;

2° En second lieu, la grotte du château de Gourdon a été utilisée au *néolithique* : cette période y est abondamment représentée notamment par les haches en pierre polie, objets très caractéristiques de cette phase de l'âge de pierre;

3° Enfin, elle a connu l'*âge du bronze* comme le prouvent la hache en bronze et les fragments de lame d'épée de bronze que M. Aussel y a trouvés.

Et s'il est vrai, comme le veut M. Bergougnoux, que les poteries découvertes par lui dans le gisement appartiennent à l'époque celtique, nous sommes en droit d'affirmer que la grotte du château a connu même l'*âge du fer.*

Puisque nous avons vu quel avait été le résultat des recherches préhistoriques à Gourdon, jetons maintenant un coup d'œil sur les fouilles faites aux alentours de la ville.

II. — Les Gisements des alentours de Gourdon.

Les environs de Gourdon, où nous poursuivons nos recherches, n'ont pas fourni des renseignements moins intéressants que la ville elle-même.

La Bouriane en particulier, dans sa *zone sénonienne*, non loin de Milhac, possède au cœur des falaises de ses fraîches vallées, où le turonien confine aux alluvions modernes, des grottes et des abris sous roche qui peuvent rivaliser avec ceux qu'on rencontre un peu plus au nord-ouest dans le Sarladais, vers les Eyzies.

Les grottes du Piage. — Au-dessus d'un ruisseau qui vient de la direction de Nozac, au lieu dit le « *Piage* », en souvenir sans doute du péage seigneurial d'antan, s'ouvrent dans le calcaire des cavités dont l'entrée sombre ressort sur le fond plus clair de la roche.

Deux d'entre elles ont fait l'objet de fouilles dont l'initiative est due à M. l'abbé Jean Bouyssonie, le célèbre et heureux inventeur de l'Homme de la Chapelle-aux-Saints.

De passage dans le pays, en 1919, et ayant appris l'existence de cavernes aux environs de Milhac, l'illustre préhistorien se rendit au Piage, en compagnie d'un de ses amis M. Charles Ayzac.

La première grotte, que l'on aperçoit après avoir franchi le ruisseau et dépassé de vieilles masures, n'a pas donné grand chose. Une source jaillit près de l'entrée. Dans le fond, M. J. Bouyssonie a découvert une mandibule d'*hyaenea spelaea* (1). Nous avons trouvé nous-mêmes un certain nombre de débris d'ossements et quelques mauvais silex (2).

La seconde caverne, que l'on rencontre à quelques dizaines de mètres de là, en suivant le sentier qui borde la falaise, a permis de faire des observations plus intéressantes.

Son ouverture, élevée de quatre ou cinq mètres au-dessus du thalweg, a une largeur de huit mètres sur une hauteur de sept environ.

Sa galerie, spacieuse, pénètre dans l'intérieur de la colline par un couloir plus étroit.

Le sondage que M. Jean Bouyssonie a fait à l'entrée de cette caverne lui a fourni une assez grande quantité de silex. La tranchée, ouverte par lui, a une profondeur d'un mètre trente environ, et permet d'examiner la *stratigraphie* du gisement : à la base, une couche de sable jaunâtre (3); au-dessus, des blocs souvent placés de champ, avec du sable rouge dans les interstices; enfin, à la partie supérieure, d'autres blocs placés plutôt à plat.

Les silex et les os ont été trouvés un peu partout; ils paraissent en place dans la moitié inférieure (entre 80 et 120 centimètres de profondeur), surtout dans le sable rouge.

Les *grattoirs*, les *burins*, les *lames* simples avec ou sans retouches, s'y rencontrent en abondance.

C'est ainsi que M. Bouyssonie (4) a pu retirer : cinq

---

(1) Au pied du pilier central (en arrière). Communication de M. J. Bouyssonie.

(2) Et aussi des dents de bovidé auxquelles, d'ailleurs, nous ne reconnaissons pas beaucoup de valeur.

(3) Y a-t-il au-dessous de cette couche, d'autres couches également riches? Des fouilles ultérieures et un sondage plus profond nous permettront seuls de le dire.

(4) Communication de M. J. Bouyssonie.

grattoirs sur éclats assez larges; trois grattoirs petits et épais; un *grattoir caréné*, bien net et pointu, associé à un burin busqué; un autre *grattoir caréné* haut et très étroit; un ou deux *grattoirs-carénés-nucléi*, très grossiers; — un ou deux burins en bec de flûte; deux burins latéraux; un burin busqué, grossier; un burin de fortune double; des lamelles de coups de burin (avec retouches du bord enlevé) au nombre de trois; — quatre lames bien retouchées; des lames et éclats minces, de bonne venue, au nombre de vingt environ.

M. Bouyssonie a aussi extrait du gisement : des os calcinés dont certains débris sont peut-être travaillés; des dents de *renne*, et de cheval; des débris d'ocre rouge, des nucléi en silex et en quartzite, divers galets dont un percuteur en granit. Plusieurs blocs portaient de vagues traces de traits; l'un d'eux, en cuvette, contenait de la matière noire.

Les silex du Piage ont pour *trait caractéristique* d'être généralement un peu ambrés, translucides, avec des arêtes patinées en blanc.

Le silex n'a pas été la seule matière première utilisée par l'homme préhistorique du Piage pour la confection de ses outils : parmi les lames et les éclats, il y en a en jaspe, en calcédoine, en meulière et en quartzite.

De ces intéressantes trouvailles, un point mérite de retenir particulièrement l'attention : la présence dans ce gisement, en outre des dents de *renne* et des *burins*, du type spécial de grattoir, épais, court et surélevé avec retouches en lamelles, dit « grattoir caréné », et caractéristique de *l'aurignacien* (1).

(1) Sur les *grattoirs carénés*, voir MM. *Bourlon, J. et A. Bouyssonie.* Grattoirs carénés, rabots et grattoirs nucleiformes dans la *Revue anthropologique* de décembre 1912 (p. 473.)

Ce gisement du Piage, à considérer son outillage, appartiendrait donc à l'*aurignacien*, première phase archéologique du paléolithique supérieur ou âge du renne (1). C'est là, l'opinion que les premières investigations nous permettent de présenter, tout en réservant jusqu'à plus complète exploration des dépôts de la grotte, notre avis définitif.

La caverne de l'Hermitage. — La Bouriane nous offre encore, non loin de Milhac, dans un étroit vallon sillonné par le ruisseau de la Melve, une énorme falaise en surplomb, formant un magnifique abri sous roche.

Ce rocher s'élève à plus d'une dizaine de mètres de hauteur au-dessus de la terrasse de base. Il est percé, en son milieu, d'une excavation dont l'ouverture ovale prend la forme d'une lentille biconvexe quand on la regarde du fond de la grotte.

Celle-ci a été utilisée à une époque récente comme en témoignent les cavités de forme carrée pratiquées dans la paroi et destinées à maintenir des poutres.

La caverne s'enfonce dans la colline par un étroit couloir.

A l'intérieur, M. J. Bouyssonie a constaté la présence d'un plancher, vidé en dessous, avec os et silex (2).

Cette observation suffit à nous prouver que la grotte

---

(1) *L'aurignacien*, première phase archéologique du paléolithique supérieur, s'intercale entre le *moustérien* et le *solutréen*. Sur la position stratigraphique de l'aurignacien, voir H. Breuil. La question aurignacienne; — *du même auteur*. Les subdivisions du paléolithique supérieur et leur signification (Congrès International d'Anthropologie et d'archéologie préhistoriques de Genève, 1912); *du même auteur*. Essai de stratigraphie des dépôts de l'âge du renne. (Congrès préhistorique de France, Périgueux, 1905). — voir aussi *Emile Cartailhac*. Grottes de Grimaldi, tome II, fascicule 2 (archéologie), le chapitre IV « L'aurignacien, époque pré-solutréenne », p. 287.

(2) Communication de M. J. Bouyssonie.

de l'Hermitage a été habitée dès l'âge de pierre. Durant quelle phase de cet âge? — Peut-être à l'époque moustérienne (paléolithique moyen) : M. Bouyssonie a trouvé, en effet, avant l'entrée de la caverne, au pied de la falaise, un silex d'aspect *moustérien* (1); mais, c'est trop peu d'un seul silex pour qu'il soit possible de se prononcer et il faut attendre que la continuation des recherches permette de préciser.

Le Roc du Pied Noir. — Si maintenant, quittant la Bouriane sénonienne, nous nous transportons dans la zone sidérolithique du sud-ouest de Gourdon, vers la Fontade, sur l'ancienne route de Salviac, nous découvrons une colline, entièrement couverte de pins, que sa couleur sombre a fait désigner sous le nom de Pech Noir ou *Pied Noir*.

En faisant le tour du Pied Noir, on ne tarde pas à remarquer un gigantesque bloc de grès compact, plus ou moins désagrégé par l'érosion et renfermant une curieuse excavation : c'est le *Roc* ou *Rouquiers*.

Au *Roc du Pied Noir*, on a trouvé des traces d'habitat préhistorique révélées par la présence de quelques silex. M. Armand Viré, le savant préhistorien et spéléologue, explorateur de Lacave (station solutréenne), en a rencontré quelques-uns qui lui ont paru *néolithiques* (2).

Le dolmen de Costeraste. — Le néolithique est représenté d'une manière plus certaine, aux environs de Gourdon, par un *dolmen* situé au pied de Coste-

(1) Communication de M. J. Bouyssonie.

(2) M. l'abbé Jean Bouyssonie, au cours d'une promenade dans la direction du Pied-Noir, y a trouvé lui-même un éclat de silex et des débris de laitier.

Dès 1849, on avait découvert à Résoulès, près du Pied-Noir, une hache en pierre polie (Voir Dictionnaire archéologique de la Gaule, au mot Gourdon, Lot, et aussi *Glück*, Album historique du département du Lot, page 87).

raste, dans un champ, sur la rive droite du Céou, près de l'embranchement des routes de Salviac, Dégagnac, Gourdon et Saint-Clair.

La table supérieure de ce dolmen s'est affaissée d'un côté car l'une des dalles qui la supportaient s'est brisée au cours des siècles.

Ce dolmen est-il celui que signale Delpon sans en préciser le lieu (statistique du Lot, tome I, p. 393)? C'est fort possible, mais nous ne saurions l'affirmer.

Telles sont les recherches préhistoriques faites jusqu'à ce jour à Gourdon et dans ses environs immédiats. Les observations auxquelles elles ont conduit sont encore peu nombreuses mais des plus encourageantes, et suffisent déjà à prouver que le territoire Gourdonnais connut l'âge de pierre, les civilisations paléolithiques et néolithiques, comme la région voisine à laquelle il se rattache géologiquement (1), le Périgord, terre classique de la Préhistoire.

Ces observations (2) permettent d'entrevoir l'aspect

(1) Cf. Introduction p. 12 et p. 13.

(2) Pour être complets, il nous faut dire que dans la zone sidérolithique du nord-est de Gourdon (Voir introduction p. 20), au-dessus de Prouilhac et de la vallée de la Melve, au sommet d'une colline élevée, au milieu d'un bois, se trouvent de gros blocs de grès désignés sous le nom caractéristique de « *Peyrelevade* ». Ils présentent étrangement l'aspect de ruines : les uns, les plus petits, gisent dispersés entre les arbres; les autres, les plus considérables, sont disposés en forme de cercle, si bien qu'on croirait à s'y méprendre être en présence de *mégalithes* ou autres constructions analogues. Il y a un certain nombre d'années, des fouilles furent pratiquées à Peyrelevade sur une assez grande surface; nous n'avons pu savoir, d'une manière précise, les résultats qu'elles donnèrent. Mais l'examen attentif qu'avec M. Armand Viré, nous avons fait des blocs de grès nous a conduit à penser qu'ils n'étaient pas l'œuvre de l'homme, mais simplement de la nature : ce sont des *grès compacts*, constituant des « *amas ruiniformes* », comme on en trouve très fréquemment dans le sidérolithique (Voir Introduction p. 13; — et *Eug. Fournier*. Etudes géologiques sur le Haut-Quercy. p. 24). Mais si leur formation est naturelle, est-ce à dire que la disposition de certains d'entre eux suivant une forme plus ou moins circulaire, ne soit pas due à la main de l'homme?... Ces blocs n'ont-ils pu être utilisés par celui-ci aux temps préhistoriques ou protohistoriques comme refuge, abri, enceinte ou tombeaux?... Il est difficile de le savoir; M. Viré et moi n'avons relevé sur ces blocs aucune trace de polissoirs

du Gourdonnais au cours de ces temps lointains.

Notre contrée a vu le paléolithique moyen et supérieur comme le démontrent la dent de rhinocéros tichorhinus, trouvée dans la grotte du château, et l'industrie du Piage. Sur la terre désolée par l'extension glaciaire, le renne a brouté le maigre lichen de la toundra ou l'herbe de la steppe; le rhinocéros à narines cloisonnées habitait le pays; le mammouth à l'épaisse toison barrissait dans nos plaines, et l'hyène, à la recherche de la proie, faisait entendre sa lugubre plainte. Pour se préserver de la rigueur de la température, l'homme s'était réfugié dans les cavernes et revêtu de peaux de bêtes. Avant tout, il fallait vivre : il chassait pour les besoins de son existence le bison, le renne, le mammouth, ou l'antilope saïga, distrayant ses loisirs par la sculpture ou la gravure à l'aide de ce burin dont la grotte du Piage nous fournit de si beaux spécimens.

Insensiblement, les glaciers se retirèrent, le climat se réchauffa, la faune froide disparut ou émigra vers des régions plus septentrionales, remplacée par les animaux de la faune tempérée actuelle, et l'homme, toujours influencé par le milieu, abandonna peu à peu les cavernes, les réservant de préférence à l'ensevelissement de ses morts; il s'établit à l'air libre, dans les vallées bien abritées, ce fut *l'ère néolithique*. De chasseur et pêcheur, l'homme était devenu agriculteur et pasteur; il domestiquait les animaux : l'éta-

---

pourtant si fréquents sur les mégalithes néolitiques; pas la moindre esquille de silex sur le sol de Peyrelevade non plus que dans les champs voisins... Mais qu'ont donné les fouilles qui y ont été faites?... Il importerait d'en avoir connaissance.

Ajoutons que Peyrelevade et ses bois sont l'objet de croyances superstitieuses chez les gens du pays; elles ont inspiré les vers de M. Léon Blat sur Gourdon (Cf. *Léon Blat*, La Bouriane, p. 5).

ble avait pris sa place à côté de l'habitation; il cultivait les céréales et la terre ne se montrait plus pour lui aussi ingrate. La vie n'était plus aussi rude.

L'homme néolithique perfectionna la technique de son industrie : il polissait maintenant ses instruments de pierre dont la grotte du château a livré des exemplaires si parfaits; il apprit à travailler les métaux : le cuivre et le bronze, puis le fer, comme nous le montrent la belle hache et l'épée de bronze trouvées dans le même gisement.

Telle fut, brièvement esquissée, l'évolution humaine aux temps préhistoriques. Après eux, presque aucun renseignement ne vient plus éclaircir pour Gourdon l'obscurité des époques ultérieures (1) : c'est tout juste si les recherches faites dans les régions voisines nous permettent de croire que le pays continuait d'être habité aux périodes suivantes; il l'était certainement à *l'époque gallo-romaine* comme l'ont prouvé les découvertes de monnaies romaines aux effigies de Tite-Antonin, de Faustin, d'Alexandre Sévère, de Constantin, etc., faites à Gourdon (2).

Mais, pour avoir de nouvelles informations précises sur notre ville, il faut se transporter dans la pleine histoire du Moyen âge: c'est ce que nous allons faire dans le chapitre suivant.

---

(1) Epoques de Hallstatt et de la Tène (âges du fer), époques gallo-romaine et mérovingienne.

(2) Voir *J. B. Glück*. Album historique du département du Lot, 1852, page 86; — on a trouvé du romain à *Concorès* et dans toute la partie sud du Gourdonnais, jusqu'au Lot.

CHAPITRE II

Les Premières Informations Historiques et les Origines de la Maison de Gourdon

I. — Les premiers documents écrits.

Les premières informations historiques sur Gourdon, offrant quelque certitude, ne remontent pas au-delà du neuvième siècle; à cette époque, il semble bien que la ville existe déjà depuis longtemps mais nous ignorons la date et l'auteur de sa fondation.

Antérieurement au neuvième siècle, nous n'avons trouvé, concernant Gourdon, que des documents incertains; ils valent la peine, cependant, d'être présentés à titre d'hypothèses.

Ces documents sont au nombre de deux : l'un, le plus ancien, est un passage de l'histoire de Saint-Martin de Sulpice Sévère, qui remonde à 405; l'autre est une lettre de l'évêque de Limoges Ruricius, de la fin du cinquième siècle ou du commencement du siècle suivant.

Le passage de Sulpice-Sévère. — Sulpice Sévère (363-406), le grand historien ecclésiastique de l'époque des invasions, nous a laissé une histoire de Saint-Martin de Tours, renfermant la vie de ce saint, suivie de trois lettres et de trois dialogues échangés entre ses disciples.

Ces trois dialogues furent rédigés en 405. Ils s'établissent entre Sulpice et deux autres disciples de Martin, le moine Gallus et Postumianus, qui revient d'Orient. A la fin du premier dialogue, Sulpice demande à Gallus de prendre la parole et de les entretenir du saint qui fut leur maître. Gallus y consent mais, tout d'abord, s'excuse de son manque d'habileté dans l'art de la parole et réclame l'indulgence de ses interlocuteurs, en ces termes :

« Ego plane, inquit Gallus, licet impar sim tanto oneri, tamen relatis superius a Postumiano obedientiae cogor exemplis, ut munus istud quod imponitis, non recusem. Sed dum cogito, me hominem gallum inter Aquitanos verba facturum, vereor ne offendat vestras nimium urbanas aures sermo rusticior; audietis me tamen ut *Gurdonicum hominem*, nihil cum fuco aut cothurno loquentem (1). »

« *Gurdonicum hominem* » ! Gallus serait donc un homme de Gourdon, un Gourdonnais.

Les érudits, qui ont étudié les œuvres de Sulpice Sévère, n'ont pas traduit ainsi « *Gurdonicus* » mais ils lui ont donné le sens du mot latin *Gurdus* (2) qui signifie homme grossier, rustre (3). Cependant, le texte ne porte pas Gurdus mais Gurdonicus avec un G majuscule, mot qui ressemble plus à une expression géographique qu'à une épithète.

Si notre interprétation est exacte, n'est-il pas possible d'utiliser, dès lors, le texte de Sulpice (rédigé en 405) pour émettre l'hypothèse que Gourdon existait dès l'époque des invasions, puisqu'alors il y avait des

(1) *Sulpice Sévère*. Œuvres (édition Herbert, tome II, p. 62-63).

(2) Ibid.. tome II, p. 62 et 148. — *Quintilien*. De Institione oratoria, livre 1, ch. 5 : « Gurdos, quos pro stolidis accepit vulgus, ex. Hispania duxisse originem audivi. »

(3) Voir introduction, p. 9.

hommes qui s'intitulaient « Gurdonici », Gourdonnais? — Nous pensons que oui, mais nous nous empressons d'ajouter que nous ne proposons notre opinion qu'à titre d'*hypothèse*, car elle se heurte à une double objection.

Et d'abord, nous l'avons dit (1) il y a plusieurs Gourdon en France; or rien ne nous prouve dans le texte de Sulpice Sévère, que Gallus soit originaire du Gourdon Quercynois plutôt que de quelque autre lieu du même nom. Le mot Gurdonicus peut donc se rapporter à un Gourdon différent de celui du Quercy.

En second lieu, nous voyons que Gallus demande l'indulgence de ses auditeurs en songeant qu'il va parler devant des Aquitains (« sed dum cogito, me hominem Gallum inter Aquitanos verba facturum »); on sait, en effet, que ceux-ci étaient, à l'époque, les gens les plus civilisés et les plus cultivés de la Gaule.

Mais Gourdon faisait partie avec Cahors de la première Aquitaine. Si Gallus avait été un Gourdonnais du Gourdon Quercynois, il aurait été lui aussi Aquitain; or, il s'oppose aux Aquitains dans son discours.

On peut cependant répondre à cette seconde objection en faisant remarquer que si Gourdon existait au commencement du cinquième siècle, il ne devait être qu'une pauvre bourgade perdue qui ne pouvait guère, quoique située en Aquitaine, être habitée que par des gens ignorants et grossiers.

La lettre de Ruricius. — Le second document, antérieur au neuvième siècle, que nous possédions sur Gourdon, est une *lettre de Ruricius*, évêque de Limoges vers 484 (2).

(1) *Voir Introduction*, p. 12.
(2) *Ulysse Chevalier*. Répertoire Bio-bibliographique (voir Ruricius).

Ce personnage (qui mourut vers 507) a laissé deux livres de lettres (1) écrites à divers correspondants. Dans l'une d'elles, adressée à l'évêque *Bassulus*, il lui dit en terminant :

« Jubeatis simul quod si propitio Deo ad solemnitatem sanctorum *Gurdone* abituri sitis, recurrentibus scire faciatis. »

Cette phrase, assez obscure, a donné à réfléchir aux érudits.

L'allemand Holder (2) a cru devoir rectifier le texte et remplacer « abituri sitis » par « venturi sitis » en mettant « *Gurdone* » à l'accusatif, ce qui donne alors « ad solemnitatem sanctorum Gurdone[m] venturi sitis ». A moins que le manuscrit primitif ne fût ainsi conçu, nous ne voyons pas l'utilité d'une semblable modification.

Quoi qu'il en soit, cette mention du nom de Gourdon dans la lettre de Ruricius mérite d'être retenue car elle prouverait que Gourdon existait déjà à la fin du cinquième siècle ou au commencement du sixième puisque la lettre date de cette époque.

Mais, nous l'avons dit encore tout à l'heure à propos du texte de Sulpice Sévère, il y a plusieurs Gourdon en France. Dès lors, pour pouvoir faire état dans notre étude de la lettre de Ruricius, nous devons nous demander si le Gourdon qu'elle mentionne est bien celui du Quercy et pas une autre localité du même nom ?

Il est probable qu'il s'agit bien du Gourdon qui nous occupe; Holder est porté à le croire mais toutefois ne s'en déclare pas certain et ajoute un « peut-être » (« viellcicht ») de prudence.

(1) *Patrologie latine*, LVIII, 67, — livre I, lettre 7.
(2) *Holder*. Altceltischer Sprachschatz, tome I, col. 2044.

Ce qui milite en faveur de notre opinion c'est la distance relativement faible qui sépare notre localité de Limoges, comparée à celle qui existe entre cette dernière ville et les Gourdon du Var, des Alpes-Maritimes, de Saône-et-Loire, etc. Mais il y a des Gourdon moins éloignés de Limoges que ceux-là : nous voulons parler de ceux du Bas-Limousin, dans la Corrèze (château de Gourdon, dans la commune de Chamboulive, arrondissement de Tulle — et hameau de Gourdon, dans la commune de Murat, arrondissement d'Ussel). L'un d'eux ne serait-il pas celui dont parle Ruricius? C'est possible, car nous ne savons point s'ils n'existaient pas à la fin du cinquième siècle. Néanmoins, leur insignifiance (ce sont des hameaux sans importance, pas même des communes) nous paraît constituer un argument en faveur de l'opinion qui applique au Gourdon Quercynois la lettre de l'Evêque de Limoges.

Nous nous hâtons d'ajouter que nous ne donnons à cette opinion, qui nous paraît admissible, que la valeur d'une hypothèse (1).

Le neuvième siècle : Odolric et la donation de l'église de Payrignac. — Ni le passage de Sulpice Sévère, ni la lettre de Ruricius ne nous offrent une suffisante certitude. Il n'est est plus de même des textes dont nous allons maintenant parler.

---

(1) La lettre de Ruricius est adressée à l'évêque *Bassulus* « patrono Bassulo episcopo »; s'il était prouvé que ce Bassulus eût été évêque de Cahors, le texte se rapporterait presque certainement au Gourdon Quercynois; mais on ignore quel était ce Bassulus. A cette époque, il y eut un *Boetius* sur le trône episcopal de Cahors et un *Basilius*, évêque d'Aix-en-Provence (472-494, voir Gallia, tome I, col. 300); le nom de ce dernier se rapproche singulièrement de Bassulus. D'autre part, il y avait dans le même temps, une abbaye de *Gurdonium* dont parle Grégoire de Tours, au chapitre VIII du « De gloria confessorum »; s'agirait-il d'elle dans la lettre de Ruricius?... Tout cela est bien obscur et on s'explique notre réserve prudente.

C'est d'abord une donation faite par un personnage, nommé *Odolric*, de l'église Saint-Agapit de Payrignac au monastère de Saint-Sauveur de Sarlat. Cet acte est mentionné en ces termes dans la Gallia Christiana (1);

« Odolric ecclesiam suam indominicatam, quæ est constructa in honore sancti Agapiti martyris, et est sita in pago Caturcino in villa quae dicitur Pairiniac, concedunt Deo et loco sancti Salvatoris Sarlatensis monasterii, in praesentia domni Adazacii abbatis et monachorum ejus. Facta charta ista in mense Junio anno XIX regnante Ludovico imperatore. »

Quel était cet Odolric? Tout porte à croire qu'il devait être seigneur de Gourdon puisqu'il donnait une église située aux environs de cette ville dans une localité Quercynoise, « in pago Caturcino », qui a toujours été une dépendance de la seigneurie de Gourdon; il affirme, d'ailleurs, que cette église fait partie de son domaine « ecclesiam suam indominicatam ».

A quelle famille Odolric pouvait-il bien se rattacher? M. le chanoine Albe (2) pense, avec Dominici (3), qu'il était peut-être membre de la maison des comtes du Quercy; peut-être aussi, comme le veut Lacoste, était-il apparenté aux vicomtes de Saint-Cirq-la-Popie dont la seigneurie appartint de bonne heure en grande partie à la maison de Gourdon. Par suite de l'insuffisance des documents, nous en sommes réduits à des hypothèses.

La date (4) de la charte d'Odolric a été discutée. Beaucoup d'auteurs la fixent à l'année 954, sous le

---

(1) *Gallia Christiana*, tome I, Instrumenta, col. 29 (ad ecclesiam caturcensem).

(2) *Chanoine E. Albe.* Notes communiquées.

(3) *A. Dominici.* Histoire du païs de Quercy. 1re partie, livre 3, ch. 6.

(4) *Chanoine E. Albe.* Notes communiquées.
Fouilhac. ms., tome I. p. 96.

règne de Louis IV d'Outre-Mer, parce que la donation est faite en présence de Adazacius « in praesentia domni Adazacii abbatis », abbé de Sarlat, et que celui-ci doit être le même que l'abbé Adace sous qui, en 937, le comte du Périgord Bernard, donna à Odon, abbé de Cluny, le monastère de Sarlat pour y rétablir la discipline monastique (1). Rien n'est moins prouvé : l'Adazacius de la charte d'Odolric peut fort bien être différent de celui de la charte de Bernard, car ce nom d'Adace est assez fréquent à l'époque (2).

De plus, la charte se termine ainsi « In mense junio anno XIX regnante Lodovico *imperatore* », « au mois de juin, la dix-neuvième année du règne de Louis *empereur* ». Or Louis IV d'Outre-Mer n'a pas été empereur. Il s'agit donc de Louis Ier le Pieux ou le Débonnaire (814-833, puis, après l'interrègne de Lothaire, 835-840); la dix-neuvième année de son règne correspond à 832; la donation d'Odolric date donc du mois de juin de cette année-là.

On peut donc admettre que le *premier seigneur de Gourdon* historiquement connu fut *Odolric* qui donnait au monastère de Sarlat, en 832, sous l'empereur Louis le Débonnaire, l'église de Payrignac, située aux portes de Gourdon, aux confins de la Bouriane.

Notre ville, à cette époque du commencement du neuvième siècle était donc fondée, et, selon toute vraisemblance, depuis longtemps déjà.

Les archidiacres Ingelbert et Benjamin; leurs testaments. — Deux hommes d'église, qui vivaient au dixième siècle, semblent avoir été membres des famil-

---

(1) *Gallia Christiana*. Tome II, Instrumenta, col. 495.

(2) Le *Cartulaire de Tulle* nomme au moins trois Adace (Voir le travail de *M. le chanoine Albe* sur ce cartulaire, paru dans le Bulletin de la Société archéologique de Brive, tirage à part).

les de Gourdon et de Saint-Cirq, du moins si l'on en juge par les biens mentionnés dans leurs testaments respectifs : ce sont les archidiacres *Ingelbert* et *Benjamin*.

Ingelbert appartenait à l'église de Cahors (1).

Il fait des dons importants à plusieurs prêtres et laïques mais principalement à ses enfants Anfred, Abon, Erambert (diacre) et Grimard, ainsi qu'à son filleul Grimard, son neveu Adalcuin, et à Benoît, tous trois archidiacres.

Il laisse certains de ses biens au vicomte du Quercy Frotard et à la femme de ce seigneur Adalbercane; mais la plus grande partie de son patrimoine est léguée à la cathédrale de Cahors, et à l'église de Sainte-Charité du Vigan (Carbonacum) qui avait été un bénéfice d'Ingelbert (2) avant qu'y soit fondé le monastère qui devait rendre célèbre ce bourg des environs de Gourdon.

Un bon nombre des possessions d'Ingelbert se trouvent situées dans le Gourdonnais (à Dégagnac, par exemple, au Vigan, etc.), d'autres dans la région de Saint-Cirq-la-Popie. On comprend dès lors fort bien que Lacoste (3) comme Fouilhac (4) aient pu rattacher Ingelbert aux familles de Gourdon et de Saint-Cirq.

Benjamin (5) était aussi archidiacre de l'église de Cahors; le testament d'Ingelbert parle probablement de lui quand, à propos d'un lot de terres situé du

---

(1) *Fouilhac*. ms., tome I. p. 113.
Lacoste. Histoire du Quercy, tome I, pp. 357-358.
Ed. Albe. Notes communiquées.
Voir le texte du testament d'Ingelbert dans *Greil*, m. 110, f° 22.
(2) *Lacoste*. Histoire du Quercy, tome I, p. 342.
(3) *Lacoste*. Opere citato.
(4) *Fouilhac*. Ibid.
(5) *Lacoste*. Opere citato, tome I, pp. 363-364.
E. Albe. Notes communiquées.

côté de Mechmont, il porte cette mention « *terram Benjamini* ».

Benjamin teste en 945, la huitième année du règne de Louis d'Outre-Mer, sous l'évêque de Cahors Frotaire. Le texte de son testament ne nous est pas parvenu. Mais nous savons par Lacoste qu'il débutait par un long préambule, où était démontrée la nécessité de faire l'aumône, et mentionnait des biens situés dans les mêmes régions que ceux d'Ingelbert.

Une grande partie d'entre eux revenait à la cathédrale de Cahors (notamment Goudou et Vaillac); d'autres, au monastère de Souillac, aux chapelains de Sainte-Marie *ad sepulturam* de Cahors, à l'église Saint-Pierre de Cahors (1).

Benjamin fait aussi des dons importants à son filleul Etienne, fils de Boson. Lacoste (2) pense que ce dernier était seigneur de Saint-Cirq; c'est fort possible.

Cette parenté probable de Benjamin et ses grandes richesses, situées en partie dans le Gourdonnais, conduisent à penser que Benjamin, comme Ingelbert, appartenait aux maisons de Gourdon et de Saint-Cirq.

II. — Les premiers ancêtres de la Maison de Gourdon connus avec certitude.

Les documents que nous venons d'analyser nous ont fait connaître des personnages dont l'existence ne peut être mise en doute, mais dont la parenté avec la famille de Gourdon, quoique très probable, n'est pas démontrée d'une manière indiscutable.

---

(1) Lacoste a compris Saint-Pierre de Gourdon, alors qu'il s'agit de Saint-Pierre de Cahors.
E. Albe. Notes communiquées.
(2) *Lacoste.* Histoire du Quercy, tome I, p. 364.

Les textes que nous allons maintenant étudier, vont nous apprendre quels furent les premiers membres, connus avec certitude, de la maison qui devait gouverner pendant de longs siècles la ville dont nous retraçons l'histoire.

AYMERIC DE GOURDON ET SON FILS GÉRAUD. — Les plus anciens de ces membres sont Aymeric de Gourdon et son fils Géraud que nous savons appartenir à la grande famille gourdonnaise, grâce au testament de Raymond Ier, comte de Toulouse, du Rouergue et du Quercy (1).

Dans cet acte (2) datant de 961, et qui intéresse toute l'*histoire méridionale*, Raymond Ier leur léguait (ainsi qu'aux fils de Géraud) la part qu'il possédait sur *le château de Gourdon*, l'alleu du Gourdonnais avec l'alleu de Saint-Chamarand et toutes ses dépendances.

Mais ce don comportait une *condition* : le dernier survivant des légataires devrait donner cinq cents sous à Hugues, neveu (ou petit-fils) de Raymond Ier, si Raymond, son fils, de qui ils devaient tenir ces domaines en fief, venait à mourir.

---

(1) *Histoire du Languedoc* (édit. Privat), tome III. p. 158. voir le texte de ce testament au tome V, du même ouvrage (preuves), col. 240 et suivantes.

Voir aussi *Lacoste*, Histoire du Quercy, tome I, p. 371.

L'auteur du testament est *Raymond III*, comte de Toulouse; si nous l'appelons Raymond Ier, c'est parce qu'il est le premier comte de ce nom *en Quercy*; c'est aussi pour nous conformer à l'habitude prise par les historiens du Quercy.

(2) Nous citons le *passage du testament qui concerne Gourdon*, à cause de son importance : « Illa parte quod ego Raymundus habeo in *castello de Gordone* et in illo allode de *Gordonense*, *Aymerico* remaneat. et *Geraldo* filio suo et ad *filios Geraldo;* et illo allode de Sancto Amerando cum omnibus appenditiis suis similiter remaneat Aymerico, et Geraldo filio suo et ad filios Geraldo; et si illi mortui fuerint, remaneat inter sancto Stephano Cadurcensi, et sancto Petro Marciliaco, et sancta Maria Soliaco; et si Raymundus mortuus fuerit, D solidos Hugoni nepoti meo; et si Hugo mortuus est, sancti Petri Marciliaco... »

(Voir : *Hist. générale du Languedoc*, tome V (édit. Privat), preuves, col. 247).

D'autre part si la postérité masculine de Géraud venait à s'éteindre, le château et la terre de Gourdon ainsi que celle de Saint-Chamarand seraient partagés entre l'église Saint-Etienne de Cahors et les monastères de Saint-Pierre de Marcillac et de Sainte-Marie de Souillac.

Le comte Raymond donnait encore à Aymeric de Gourdon, mais seulement pour la durée de sa vie, l'alleu de Belpech, lieu qui n'est pas précisément identifié; à la mort du donataire, l'alleu reviendrait à la cathédrale de Cahors.

Nous ignorons quels étaient les ascendants d'*Aymeric*.

Celui-ci allait être, avec son fils Géraud, la souche de l'illustre famille de Gourdon.

La postérité d'Aymeric et de Géraud. — Le comte Raymond, dans son testament, mentionnait non seulement Aymeric et son fils Géraud mais encore *les fils de ce dernier*, sans cependant les nommer. On peut se demander à ce sujet : 1° Si Aymeric n'avait pas d'enfant autre que Géraud? — 2° Quels étaient les fils de Géraud dont il est ici question, et quels furent leurs descendants?

Ce sont là des questions auxquelles il est malaisé de répondre par suite de l'insuffisance des documents et de l'obscurité de ceux que l'on possède.

Les historiens du Quercy, notamment M. Limayrac, auteur d'un livre sur Castelnau-Montratier (1), et M. Lacabane (2) qui fut directeur de l'école des chartes et ami de Guillaume Lacoste, ont cependant cherché

(1) *Limayrac*. Hist. d'une commune et d'une baronnie de Quercy (Castelnau-Montratier).

(2) *Lacabane*. Archives du Lot. F. 428.

à résoudre ces difficultés et ont proposé, dans ce but, des généalogies où entre une grosse part d'hypothèses.

M. Lacabane estime qu'Aymeric n'eut pas Géraud pour unique fils et il lui en donne un autre *Frotaire*, qu'une chronique du douzième siècle (1) appelle Frotaire de Gourdon et qui fut évêque de Périgueux vers 976-994. C'est là une supposition qu'aucun document ne vient confirmer (2).

M. Limayrac croit (3) que Géraud eut trois enfants : Gausbert Ier de Castelnau, Izarn de Luzech, chef de la maison de ce nom, et Raymond, chef de la maison d'Orgueil.

M. Lacabane (4) pense, au contraire, que Géraud, après s'être marié en 985, n'en eut que deux : Aymeric II, et Géraud de Gourdon, qui fut évêque de Périgueux, entre 1037 et 1059, et déclara la guerre au comte Audebert pour le punir d'avoir décrié la monnaie qu'il émettait.

Aymeric II. — Quoi qu'il en soit, l'existence d'un second Aymeric de Gourdon est attestée par un document intéressant : la donation, en 1055, de l'église de Duravel aux abbayes de Moissac et de Cluny par Gausbert de Pestillac et Seguin, son frère. Ces deux personnages possédaient chacun la moitié de l'église de Duravel qu'ils tenaient en fief de leurs seigneurs Gausbert, abbé chevalier de Moissac, et *Aymeric de Gourdon*. La donation est faite avec le consentement d'Izarn et de Raymond, frères de Gausbert, et l'ap-

(1) *Bibliothèque nationale.* Collection Lespine, 30; f° 73.
(2) *Chanoine E. Albe.* Notes communiquées.
(3) *Limayrac.* Opere citato, p. 87 et suiv. — et *Gallia*, tome II, col. 1459.
(4) *Lacabane.* Archives du Lot. F. 428.

probation de l'évêque de Cahors, Foulques de Simon (1).

De qui Aymeric II était-il fils? — Nous venons de voir que M. Lacabane lui donne Géraud pour père et pour frère l'évêque de Périgueux; cela ne paraît pas forcément admissible; on peut remarquer, en effet, qu'Aymeric II, signalé dans la charte de Duravel (en 1055), peut bien se rattacher à Géraud (fils d'Aymeric Ier) mais qu'il est assez peu probable qu'il soit son fils : le testament de Raymond Ier parle des fils de Géraud *à la date de 961*, l'Aymeric de 1055 ne peut, semble-t-il, être un de ceux-là : il aurait été bien âgé.

Quant à M. Limayrac (2), il fait d'Aymeric II un cousin de Gausbert de Castelnau (?).

Quels furent *les fils d'Aymeric II?* — Aymeric II, d'après M. Lacabane, aurait épousé la dame Enbolena et aurait eu d'elle Géraud de Gourdon, Pons de Gourdon, et Géraud, évêque de Cahors (vers 1068).

Nous avons effectivement un texte (3) concernant la fondation de l'abbaye de Fontgaufier, en Sarladais, qui nomme expressément Enbolena avec Pons de Gourdon et Géraud, évêque de Cahors (4), comme étant ses fils. Mais, le nom du mari d'Enbolène n'est

---

(1) *Histoire du Languedoc*, tome V, col. 483.
Lacoste. Histoire du Quercy, tome I, p. 415.
E. Albe. Notes communiquées.
(2) *Limayrac*. Op. citato, p. 87.
Chanoine E. Albe. Notes communiquées.
(3) *Gallia Christiana*, tome II, col. 1534.
(4) C'est cet évêque qui réforma le chapitre du Vigan et celui de Cahors. C'est encore lui qui unit les chapitres du Vigan et de Saint-Sernin de Toulouse : en souvenir de cette union. on bâtit. au pied de la côte de la Madeleine une église Saint-Sernin dont il est encore question au XVIIIe siècle.
Le même évêque obtint de l'abbaye de Sarlat que *l'église de Payrignac*, jadis donnée par *Odolric*, fut cédée au chapitre de Cahors (1090) — cf Lacoste, tome I, p. 439; — Gallia, tome I. Instrumenta, col. 28; — *Chanoine Ed. Albe*. Notes communiquées.

pas mentionné; dès lors, nous pouvons *supposer* avec M. Lacabane qu'Enbolena était l'épouse d'Aymeric II mais nous ne pouvons pas l'affirmer.

Quant à *Géraud de Gourdon,* dont M. Limayrac fait un fils de Gausbert Ier, et M. Lacabane d'Aymeric II, il nous semble plus probable qu'il soit fils de ce dernier.

Nous possédons sur son testament quelques renseignements précis par Fouilhac et Lacoste (1).

Géraud de Gourdon teste, vers 1108, au moment de partir pour la Croisade où il va accompagner le comte de Toulouse. Il laisse toute la terre et la seigneurie de Gourdon à son fils Aymeric III et à son épouse Alpasie; il lègue à l'abbaye de Marcillac ses domaines de Goudou, au chapitre de Cahors des biens dans la paroisse de Francoulès avec l'église et la juridiction de ce lieu, la terre de Lamnaco, ses biens de Cami, près Vers (2), le fief qu'il possède au faubourg de Sainte-Marie et de Sainte-Charité (au Vigan).

En outre, il fait encore quelques legs au chapitre du Vigan, au monastère de Saint-Sauveur de Sarlat, aux chanoines de Cahors à qui il donne l'autorisation de prendre dans ses forêts tout le bois nécessaire à la construction et aux réparations de leur cathédrale.

Aymeric III. — Aymeric III, fils de Géraud de Gourdon et d'Alpasie, aux termes de l'acte de 1108, épousa la fille de Raymond Ier vicomte de Turenne, Anne ou Magne de Turenne, sœur de Boson; sur ce point, toutes les généalogies sont d'accord.

---

(1) *Fouilhac*, tome I; p. 165; — *Lacoste*, op. cit., tome II, p. 6.
(2) Et non près Gourdon, comme l'a compris *Lacoste* (tome II, p. 6). *E. Albe.* Notes communiquées.

L'existence de ce mariage est confirmée par les renseignements contenus dans les cartulaires d'Obasine et de Tulle (1) où l'on nous parle de Magne, femme d'Aymeric de Gourdon qui, en 1180, donne à l'abbaye d'Obasine des biens dans la région de Cressenssac, et d'Aymeric III qui fait quelque offrande au monastère de Tulle pour le repos de l'âme de son *beau-frère* Boson de Turenne (2), frère de Magne.

Les généalogies donnent au mariage d'Aymeric et de Magne la date de 1112. Mais, comme le fait très justement remarquer M. le chanoine Albe, Magne de Turenne vit encore en 1180; elle serait bien âgée à cette époque, si elle s'était mariée en 1112. Il semble donc bien que la date de 1112 doive être rajeunie d'un certain nombre d'années (3).

Quels enfants naquirent de cette union? — Le même cartulaire d'Obasine (4) nous en indique un : c'est *Pons de Gourdon* qui donne, en 1152, à son père Aymeric III son assentiment en vue de la cession à l'abbaye d'Obasine de droits sur les Alix, près de Roc-Amadour. Mais Aymeric et Magne eurent aussi un second fils qui s'appela Aymeric comme son père : à son sujet nous ne savons qu'une seule chose : c'est qu'en 1168, il confirmait les donations faites par ses parents (5).

Aymeric III et Guillaume de Gourdon : la fondation du Mont-Saint-Jean. — Aymeric III nous est

(1) *Ed. Albe.* Possessions d'Aubasine, pp. 84-87; — et Notes communiquées.

Fouilhac, tome I, p. 168.

(2) Pour que Boson de Turenne soit le beau-frère d'Aymeric III, il faut bien que celui-ci ait épousé Magne, sœur de Boson.

(3) *Chanoine Ed. Albe.* Notes communiquées.

(4) *E. Albe.* Notes communiquées.

(5) *E. Albe.* Possessions d'Obasine, pp. 84-87.

encore connu par un texte (1) très important : *l'acte de fondation du monastère du Mont-Saint-Jean*, en 1119. Aymeric est nommé dans cet acte avec un autre seigneur appelé *Guillaume de Gourdon*, mais le document ne nous dit pas quelle parenté unissait les deux personnages.

Lacoste fait de Guillaume un oncle d'Aymeric III (2). M. Lacabane semble plus près de la vérité quand il lui donne pour père Pons, fils d'Enbolène, et en fait ainsi un neveu de Géraud et un cousin d'Aymeric III.

Quoi qu'il en soit, nous voyons Guillaume de Gourdon et Aymeric III fonder le prieuré du Mont-Saint-Jean en 1119 (3).

Le pape Calixte II venait de Toulouse, où il était allé présider un concile, et se rendait de Cahors à Périgueux en passant par Gourdon. Sur les instances de Guillaume, il s'arrêta au château. Le lendemain le noble seigneur conduisit le pape au Mont-Saint-Jean où il avait déjà fait creuser les fondements d'un monastère. Le pape en bénit la première pierre sur laquelle on grava une croix. Après la cérémonie, le Pape revint à Gourdon et reprit le lendemain matin la route de Périgueux.

L'année suivante Guillaume de Gourdon et Aymeric III, assistés de plusieurs autres seigneurs parmi lesquels Géraud de Valon, firent don du monastère du

---

(1) Voir le texte dans la remarquable et intéressante étude que M. *Ludovic de Valon* publie sur sa famille dans le Bulletin de la Société des Etudes du Lot, tome 43 (année 1922), pp. 19, 21, 22 (note 1).

(2) *Lacoste*. Hist. du Quercy, tome II, p. 23.

(3) *Lacoste*, ibid., tome II, pp. 22 et suivantes.
Fouilhac. ms. tome I, p. 165. — *Guillaume de Gourdon* eût un fils du nom de *Bertrand* qui fut coseigneur de Gourdon; ce Bertrand est mentionné avec son fils *Géraud* parmi les bienfaiteurs de l'abbaye d'Obasine, en 1168 (Voir *E. Albe*. Les possessions d'Obasine en Quercy, p. 86).

Mont-Saint-Jean à l'abbé de Cluny, Pons de Melgueil, après y avoir ajouté la métairie de Payrignac. Ils conférèrent en même temps aux moines un droit sur le sel et les autres denrées que l'on portait au marché de Gourdon, le droit de dépaissance dans les forêts, la liberté pour les vassaux des donateurs de s'établir dans les terres du nouveau monastère qui reçut le titre de « *prieuré* ».

Le pape Calixte II accorda la même année des privilèges à ces moines dans une bulle qu'il envoya à l'abbé de Cluny, et où il rappelle qu'il a assisté à la fondation du monastère. Ces privilèges furent de nouveau confirmés, en 1155, par une autre bulle du pape Adrien IV (1).

Nous venons ainsi de faire connaître les renseignements que l'on possède sur les origines de la famille de Gourdon et les premiers siècles de la ville placée sous son autorité.

Ils nous ont prouvé la haute antiquité de cette ville, de sa seigneurie, de son château qui existait déjà en 961 puisqu'à cette date le comte Raymond Ier en parlait dans son testament; ils nous ont fait assister à la fondation du très ancien monastère du Mont-Saint-Jean et, bien qu'ils ne nous aient pas donné la possibilité, tant ils sont obscurs et fragmentaires, d'établir une généalogie parfaite, ils nous ont permis cependant de jeter quelque clarté sur les ancêtres de l'illustre maison de Gourdon.

---

(1) *Lacoste*. Histoire du Quercy, tome II, pp. 23-24.

Le monastère du Mont-Saint-Jean dépendit dès le XIIIe siècle du doyenné de Carennac (cf. *l'abbé Albe et Armand Viré*. Le doyenné de Carennac, p. 87). Il était florissant au XIVe, mais cessa d'avoir des moines vers la fin du XVIe siècle (cf *Lacoste*, ibid. tome II, p. 24, note 1). Voir chapitre VI, p. 182 de la présente étude.

Partis du lointain recul de l'âge de la pierre, nous avons essayé, à l'aide d'informations malheureusement trop rares, de voir se lever sur Gourdon l'aurore des temps historiques et d'assister aux premiers progrès de la seigneurie; les documents vont maintenant devenir plus nombreux et le chapitre suivant, en nous introduisant dans la pleine lumière de l'histoire gourdonnaise, va nous montrer la puissance seigneuriale arrivée à son apogée, et bientôt après l'apparition dans la cité d'une force nouvelle qui, à peine reconnue par les Seigneurs, se dressera contre eux : la Communauté et ses Consuls (1).

---

(1) Nous n'avons pas parlé des légendes qui existent sur l'origine de la famille de Gourdon, car elles sont dénuées de vraisemblance et ont été forgées d'ailleurs, plusieurs siècles après la fondation de notre ville, à une époque récente.

L'une veut que le premier personnage de la maison de Gourdon soit un certain *Boulandre* qui serait venu d'Ecosse, avec le roi de ce pays *Acaius*, son cousin, pour servir dans les armées de Charlemagne. Il aurait épousé la fille de *Hunald*, duc d'Aquitaine. Or, comme Hunald était le descendant du duc Waïfre ou Gaïffier, les Gourdon-Céneviêres auraient hérité, par là, du titre de « *vicomtes de Gaïffier*, » qu'ils portaient au XVIe siècle.

Inutile de dire que cette explication est purement fantaisiste; l'existence de Boulandre est des plus douteuses; quant au titre de Gaïffier, il ne se trouve pas dans les anciens documents (Voir *Lacabane*, Archives du Lot, F. 427; — *Maleville*. Esbats sur le pays de Quercy, édition Combarieu et Cangardel, p. 180; — *E. Albe*. Notes communiquées).

Une autre légende prétend qu'une princesse anglaise, sœur du roi d'Angleterre, serait venue à Bordeaux pour éviter un mariage qui ne lui plaisait pas, vers la seconde moitié du XIIe siècle. Elle aurait épousé un bourgeois de cette ville qui ignorait l'origine royale de sa femme et ne l'apprit que le jour où le roi d'Angleterre vint loger chez lui.

Le roi, consentant à oublier la mésalliance de sa sœur, ennoblit le bourgeois bordelais; c'est celui-ci qui aurait bâti le château de Gourdon; son fils aurait perpétué sa famille et sa fille Jeanne aurait épousé Guillaume de Thémines.

C'est de l'histoire romanesque; Dominici, à qui nous devons ce récit, le réfute lui-même (*A. Dominici*. Histoire du païs de Quercy. Ms. 1re partie, livre 4, chap. III), à cause de l'erreur de date qu'il renferme ; il se passe après 1150; or, nous avons vu que Gourdon et la famille de ce nom existaient alors depuis de longs siècles. (*E. Albe* Notes communiquées).

Les Origines de la Maison de Gourdon

Généalogie proposée d'après les travaux de *M. le Chanoine ALBE* et de *M. LACABANE*, Ancien Directeur de l'Ecole des Chartes.

ODOLRIC
donne l'église de Payrignac au monastère de Sarlat, en 832.

INGELBERT
teste vers 935 (?)

BENJAMIN
teste en 945

AYMERIC Ier DE GOURDON
nommé dans le testament du comte Raymond Ier, en 961.

GÉRAUD
nommé dans le même testament comme fils d'Aymeric Ier.

AYMERIC II
était-il fils de Géraud (?); nommé dans l'acte de Duravel, en 1055; épousa peut-être Enbolène.

GÉRAUD, évêque de Périgueux
entre 1037 et 1059; était-il fils de Géraud (?).

GÉRAUD DE GOURDON
probablement fils d'Aymeric II; épouse Alpasie; teste en 1108.

GÉRAUD, évêque de Cahors
peut-être fils d'Aymeric II; certainement fils d'Enbolène; nommé dans l'acte de Fontgaufier, vers 1090; teste en 1090.

PONS DE GOURDON
peut-être fils d'Aymeric II certainement fils d'Enbolène; nommé dans l'acte de Fontgaufier, vers 1090.

AYMERIC III
épouse Magne de Turenne; fonde le monastère du Mt-St-Jean, en 1119; bienfaiteur de l'abbaye d'Obasine, en 1152.

GUILLAUME DE GOURDON
probablement fils de Pons; fonde avec Aymeric III le Mt-St-Jean en 1119

PONS Ier
nommé dans la donation des Alix à l'abbaye d'Obasine, en 1152.

AYMERIC IV
confirme en 1168 les donations faites par ses parents à l'abbaye d'Obasine

BERTRAND
coseigneur de Gourdon; bienfaiteur d'Obasine en 1168.

FORTANIER Ier DE GOURDON
probablement fils de Pons Ier; lutte contre Richard Cœur de Lion, en 1190.

GÉRAUD
bienfaiteur d'Obasine en 1168

N. B. — Les filiations identifiées avec quelque certitude sont indiquées d'un trait vertical.

CHAPITRE III

Puissance de la Maison de Gourdon et apparition de la vie communale

(de la fin du XIIe siècle jusque vers 1260)

I. — Puissance des Gourdon et leur lutte contre Richard Cœur de Lion.

LES GOURDON A LA FIN DU DOUZIÈME SIÈCLE. — Au cours des siècles précédents, la maison de Gourdon a vu peu à peu croître sa richesse et sa puissance au point de devenir l'une des plus importantes du Quercy.

Elle s'est divisée en branches distinctes (les Gourdon Saint-Cirq, les Gourdon-Castelnau) (1) qui, au douzième siècle, en outre de la seigneurie de Gourdon, sont en possession, sous la suzeraineté des comtes de Toulouse, de vastes domaines dans tout le Quercy.

Tandis que les autres branches (2) vont s'établir

(1) Au XIIIe siècle, apparaîtra la branche des *Gourdon-Salvia* ; à la même époque la branche des *Gourdon Saint-Cirq* se divisera en deux rameaux : celui des *Gourdon-Gourdon*, et celui des *Gourdon-Saint-Cirq-Cénevières-la-Roque*.

(2) Nous ne ferons pas l'histoire des *branches secondaires* de la maison de Gourdon (qui ne résidaient pas dans la ville); nous nous contenterons d'en parler incidemment dans la mesure où leur connaissance intéressera l'histoire de Gourdon.

ailleurs, celle des *Gourdon Saint-Cirq* (1) demeure dans la ville dont la famille tire son nom, à la tête de la seigneurie qui lui appartient en grande partie mais dont les autres branches gardent chacune leur part.

Ainsi la *seigneurie de Gourdon*, et c'est là un fait sur lequel on ne saurait trop attirer l'attention pour l'intelligence de ce qui suivra, n'est pas la propriété d'un seul seigneur, mais la *copropriété en parts divises* de plusieurs à la fois, chacun d'eux représentant une branche de la famille de Gourdon.

Les *autres domaines* des Gourdon au douzième siècle comprennent, en Quercy : la baronnie de Castelnau-Montratier, la majeure partie de la vicomté de Saint-Cirq-la-Popie, une bonne moitié du Causse de Gramat, et la région du Gourdonnais qui s'étend entre la Dordogne et le Lot, y compris la vallée du Céou et la baronnie de Salviac (2).

Ces biens immenses ne forment pas sans doute un tout continu mais ils constituent cependant un ensemble considérable et montrent bien, au seuil du treizième siècle, la puissance de la famille qui les possédait.

Les Gourdon et Richard Coeur de Lion; la prise de Gourdon. — La maison de Gourdon, devenue l'une des plus puissantes du Quercy allait avoir à se défendre contre un ennemi redoutable : le roi d'Angleterre.

L'apparition des Anglais dans le Quercy, en effet, ne

---

(1) Nous croyons, avec *M. le chanoine Albe* (notes communiquées) que les *Gourdon-Saint-Cirq* sont la *branche aînée*, contrairement à l'opinion de M. Limayrac qui prétend que la branche aînée est représentée par les Gourdon-Castelnau.

(2) Nous ne ferons pas l'histoire de ces diverses possessions, car cela sort totalement de notre sujet qui est l'histoire de la *ville de Gourdon*

date pas seulement de la guerre de Cent Ans (1337-8); elle remonte à l'an 1159, car notre province fut un des théâtres de la célèbre lutte des Capétiens et des Plantagenets qui, dans le Midi, mit aux prises le comte de Toulouse et Henri II d'Angleterre.

En 1159, en effet, le roi d'Angleterre, revendiquant le comté de Toulouse, envahissait le Quercy et s'en emparait presque sans combat.

En 1188, le fils de Henri II, *Richard Cœur de Lion*, se rendait maître à son tour de nombreuses places et châteaux du Gourdonnais : Souillac, Salviac, Concorès, Lavercantière, Cazals, Peyrilles tombaient entre ses mains (1189).

Gourdon même ne put lui échapper; cette ville fut prise par les troupes de Richard, comme il résulte de cette mention, contenue dans une enquête de 1246-47 :

« Li rois Richars vint à Caours quant il ot pris Gordon » (1); mais elle ne devait pas rester longtemps sous la domination anglaise : quelques années plus tard, en effet, le Quercy (1196) était rendu au comte de Toulouse, Richard ayant signé la paix avec celui-ci (2).

Fortanier Ier de Gourdon. — Le héros de la lutte des seigneurs du Gourdonnais contre Richard Cœur de Lion, fut Fortanier Ier de Gourdon qui tomba en défendant vaillamment ses domaines.

Nous savons peu de chose sur la vie de ce personnage, à part la résistance qu'il opposa aux Anglais; nous avons vu qu'Aymeric III avait eu deux fils de Magne de Turenne : Aymeric IV et Pons de Gourdon;

---

(1) *Chanoine E. Albe*. Inventaire des archives de Cahors, p. 36.
(2) *Lacoste*. Histoire du Quercy, tome II, p. 68 et suivantes. *Saint-Marty*. Histoire du Quercy, pp. 58-59.

d'après les généalogies, Fortanier fut le fils de ce dernier.

Les auteurs ne s'accordent pas sur la question de son mariage : Lacoste déclare que l'on ignore l'époque de ce mariage et le nom de l'épouse de Fortanier; Combarieu et Cangardel (1), au contraire, lui donnent pour femme Aquiline ou Aigline, fille d'Adhémard vicomte de Limoges (2).

La légende de Bertrand de Gourdon. — Fortanier eut, d'après les généalogies (3), plusieurs enfants dont un fils du nom de Bertrand.

C'est peut-être sur ce Bertrand de Gourdon que s'est formée la fameuse légende Gourdonnaise d'après laquelle pour venger la mort de son père Fortanier, tué par ordre du roi d'Angleterre, Bertrand aurait blessé mortellement, en 1199, au siège de Châlus en Limousin, le roi Richard en train de guerroyer contre son vassal rebelle le vicomte de Limoges.

Richard, irrité de sa blessure, aurait ordonné l'assaut de la place et, s'étant emparé de Bertrand, l'aurait fait comparaître devant lui. Touché de la grande fermeté dont le seigneur de Gourdon faisait preuve au cours de l'interrogatoire qu'il lui fit subir, le roi d'Angleterre aurait donné l'ordre de rendre la liberté à Bertrand.

Mais le routier Mercadié, chef des Brabançons à la solde de Richard, après la mort de celui-ci, aurait fait écorcher vif le malheureux captif.

---

(1) *Combarieu et Cangardel.* Gourdon et ses seigneurs (dans le Bulletin de la Société des Etudes du Lot, tome VI (année 1880), p. 145.

(2) C'est sans doute ce Fortanier de Gourdon, que l'on trouve parmi les témoins d'un duel judiciaire qui eut lieu, en 1178, devant une assemblée présidée par le vicomte de Turenne (voir *Lacoste*, tome II, pp. 82-83).

(3) Généalogies du cabinet du Saint-Esprit.

Cette anecdote n'est qu'une légende, aujourd'hui rejetée par les historiens pour une double raison.

Tout d'abord, parce qu'elle est fondée uniquement sur le récit du chroniqueur anglais Roger de Hoveden : celui-ci est le seul écrivain contemporain qui donne au meurtrier de Richard le nom de Bertrand de Gourdon; tous les autres l'appellent différemment : tantôt Jean Sabraz, tantôt Guy, le plus souvent *Pierre Bazyle.* Le nom de Pierre Bazyle est le seul qui ait pour lui l'autorité de plusieurs témoignages : celui de Mathieu Pâris, Raoul de Dicet, et un Limousin anonyme, auteur d'une addition à la chronique de Geoffroy de Vigeois.

Il semble donc bien que ce ne soit pas Bertrand, mais plutôt *Pierre Bazyle* le meurtrier de Richard Cœur de Lion.

On fait remarquer, en second lieu, pour démontrer la fausseté de l'anecdote, que le Bertrand écorché vif, en 1199, vit encore durant la première moitié du treizième siècle où il hommage au roi de France, en qualité de seigneur de Gourdon (en 1211, 1226, 1227).

Evidemment, cette raison serait très forte s'il était prouvé que le Bertrand du début du treizième siècle est le même que celui de la légende; mais cette preuve est loin d'être faite : Roger de Hoveden ne nous indique pas le nom du père du meurtrier de Richard; dès lors, nous pouvons bien supposer que celui-ci est le fils de Fortanier comme sans doute le Bertrand du commencement du siècle suivant, mais nous n'avons pas le droit de l'affirmer. Néanmoins, nous pourrions le prétendre, s'il n'y avait qu'un seul Bertrand dans la famille de Gourdon à la fin du douzième et au début du treizième siècle. Mais ce nom de Bertrand est fréquent dans les généalogies des Gourdon à cette époque (1).

BERTRAND Ier DE GOURDON. — Quoi qu'il en soit de cette légende, nous trouvons un Bertrand, fils de Fortanier, dans le *premier tiers du treizième siècle.*

Il prend part à la Croisade des Albigeois et combat les hérétiques aux côtés de l'évêque de Cahors, Guillaume de Cardaillac (2).

Par haine de l'hérésie que Raymond VI, comte de Toulouse, avait embrassée mais aussi parce qu'il avait besoin de l'appui du roi de France pour mettre ses terres à l'abri des incursions des Croisés, Bertrand reportait, en 1211, à Philippe-Auguste, l'hommage qu'il rendait précédemment à Raymond (3).

Sur ces entrefaites, le Concile de Latran ayant déclaré le comté de Toulouse confisqué au profit de Simon de Montfort (1215), Bertrand se déclara le vassal de Simon (1218) et reçut en récompense, du chef de la Croisade, la promesse d'une somme de 100 livres de rente, ou la ville de Cazals, si on parvenait à la reprendre (4).

Mais Simon de Montfort mourait peu après, tué sous les murs de Toulouse (1218) qui n'avait pas voulu reconnaître son autorité et abandonner Raymond VI.

Bertrand revint alors au roi de France et renouvela d'abord à Louis VIII (en 1226), puis au jeune roi Saint-

---

(1) *Cathala-Coture.* Histoire du Quercy, tome I, p. 157; — *Lacoste,* histoire du Quercy, pp. 124-125 et 130-131; — *Justel.* Histoire de la maison de Turenne, p. 44.
Voir l'article de *M. Géraud* dans la bibliothèque de l'école des Chartes (1re série, tome III, p. 433).
E. Albe. Notes communiquées.
(2) *Chanoine E. Albe.* Notes communiquées.
(3) *Saint-Marty.* Histoire du Quercy, p. 41.
(4) *E. Albe.* Notes communiquées.
Histoire du Languedoc. tome III (édition originale), preuves, p. 231

Louis (en 1227), l'hommage jadis offert à Philippe-Auguste (1).

En 1223, Bertrand de Gourdon faisait don du château de Montbrun sur le Lot à Dorde Barasc, seigneur de Beduer (2).

Dix ans plus tard, en 1233, Bertrand vivait encore et traitait avec le chapitre du Vigan auquel il donnait en fief le château du Moulin, sur le Bléou, dont les restes se voient encore aujourd'hui en face de la chapelle de Notre-Dame-des-Neiges (3); en même temps, il réduisait à cinq guerriers le *droit d'albergue* qu'il avait sur le monastère du Vigan (4).

A cette époque, le Quercy souffrait depuis longtemps des ravages des Routiers; pour exterminer leurs bandes, Bertrand de Gourdon signait à Roc-Amadour (en février 1233, nouv. style) avec Guisbert de Castelnau, les consuls de Cahors, les abbés de Tulle et de Figeac, le vicomte Raymond de Turenne et plusieurs autres seigneurs, parmi lesquels Pierre et Bernard de Valon, coseigneurs de Lavergne, le traité d'alliance de la Confédération de Roc-Amadour. Aux termes de cet accord, les confédérés s'engageaient pendant huit ans à mettre

(1) Inventaire du Trésor des Chartes VIII, 16 et 17; — Archives du Lot. F. 112 430. *Ed. Albe.* Notes communiquées.

(2) *Lacoste.* Histoire du Quercy, tome II, p. 216.

(3) La chapelle actuelle de Notre-Dame-des-Neiges ne date que de 1644-1648; elle dépendait du chapitre du Vigan. Mais l'oratoire, construit antérieurement sur l'emplacement de cette chapelle et le pélerinage dont il était l'objet sont bien plus anciens. L'existence du sanctuaire est certifiée dès l'année 1489, et il est vraisemblable qu'il remontait à une époque plus lointaine, au moins au milieu du XIVe siècle, puisqu'une pièce du procès, qui eut lieu en 1645 entre l'évêque de Cahors, Alain de Solminihac, et les chanoines du Vigan, établit que ceux-ci revendiquaient, pour la direction du pélerinage, trois cents ans de possession tranquille; 300 ans retranchés de 1645, cela donne 1345; si la prétention des chanoines est vraie, le sanctuaire aurait donc existé à cette dernière date (Communication due à l'obligeance de *M. l'abbé Dardenne*, directeur du pélerinage et curé de Saint-Romain).

(4) *E. Albe.* Notes communiquées.

en commun leurs efforts contre les Routiers qui infestaient le pays (1).

Bertrand de Gourdon était *poète*.

Il nous reste de lui une tenson dans laquelle il parle en grand seigneur, prétention justifiée par l'étendue de ses possessions et la puissance de la famille de Gourdon à cette époque de la première moitié du treizième siècle. Dans la tenson, Bertrand se dispute avec le troubadour Peire Raimon qu'il accable d'injures et il promet de ne lui rien donner quelque métier qu'il soit venu faire auprès de lui. Peire lui répond encore plus vivement et le traite de lâche, de poltron, de misérable. Bertrand, changeant soudain d'attitude, loue les mérites de Peire Raimon qui, à son tour fait l'éloge de Bertrand; mais il termine ensuite par de nouvelles insultes quand le seigneur de Gourdon lui a avoué qu'il a voulu plaisanter en le louant (2).

Bertrand de Gourdon rivalisait avec un autre poète *Mathieu de Quercy*, originaire lui aussi de Gourdon ou des environs. Dans un dialogue qui nous est parvenu, Mathieu qui avait embrassé le parti des Albigeois, reprochait à Bertrand d'avoir abandonné le comte de Toulouse et d'avoir vendu Gourdon au roi de France, allusion à l'hommage offert par Bertrand à Philippe-Auguste en 1211. Bertrand se défendait en répondant qu'il n'avait aliéné ni Gourdon, ni aucune rente, mais simplement demandé au roi de France sa

---

(1) *E. Albe.* Inventaire des archives municipales de Cahors (1re partie, pp. 23-24).

Ludovic de Valon. Bulletin de la Société des Etudes du Lot, tome XLIII (année 1922), p. 41.

(2) *Lacoste.* Histoire du Quercy, tome II, p. 236.

Annales du Midi, 1919-1920, p. 289 — et le savant article de *M. Anglade* sur *Peire Raimon*, ibid. p. 156 et p. 257.

Voir aussi *Kolsen.* Dichtungen der Troubadours, n° 44.

protection contre ceux qui le troublaient.

Nous ignorons quels furent précisément les enfants de Bertrand : il eut vraisemblablement pour fils *Fortanier II de Gourdon* dont nous allons bientôt parler.

II. — Apparition de la Vie Communale. Concession de la Charte de Coutumes par les coseigneurs de Gourdon.

Concession de la charte de Coutumes. — L'histoire de notre ville s'est confondue jusqu'ici avec celle de la puissante famille qui la gouverne et nous ne connaissons encore Gourdon que par l'existence de ses Seigneurs.

Mais voici que vers le milieu du treizième siècle, la *vie communale* fait brusquement son apparition dans les textes : en février 1244 (nouveau style) (1), en effet, les coseigneurs de Gourdon Fortanier II, Aymeric et Guillaume accordent aux habitants une *charte de coutumes*.

La vie communale devait sans doute déjà exister partiellement en fait puisque la charte consacre, sur la plupart des points, des usages antérieurs. Mais, en droit, la ville dépendait presque uniquement de la volonté des maîtres du château. Désormais, elle aura le pouvoir, par l'intermédiaire de ses Consuls, de gérer ses propres affaires et les intérêts de ses habitants,

(1) L'année commençait dans le Quercy, le 25 mars (style de l'Annonciation).

tandis que les droits de ses seigneurs seront délimités.

Dans la cité, en face de la seigneurie, une force nouvelle est donc née, et son existence est reconnue par la charte de coutumes : c'est la *Communauté*, puissance rivale de l'autorité seigneuriale qui va chercher à se développer aux dépens de celle-ci et, par suite, ne tardera pas à entrer en conflit avec elle.

A la suite de quels événements, les coseigneurs de Gourdon concédèrent-ils aux habitants la charte de coutumes?

Nous n'avons sur ce point aucun renseignement.

Vraisemblablement, la ville fut entraînée dans le même *mouvement* qui animait la plupart des communautés du Quercy et les portait à secouer le joug de l'arbitraire et à réclamer des franchises à leurs maîtres, avec la consécration des usages qui s'étaient établis peu à peu au cours des siècles précédents.

Quels étaient les trois coseigneurs *Fortanier II*, *Aymeric* et *Guillaume*, qui accordaient la charte?

Les coseigneurs de Gourdon. Fortanier II. — *Fortanier II*, vraisemblablement fils de Bertrand Ier (1), avait recueilli l'héritage de celui-ci et représentait la grande branche des Gourdon Saint-Cirq. Il était le principal seigneur de Gourdon, possédant la plus grande partie de la ville et du château.

Entre temps, le comte de Toulouse Raymond VII, qui avait succédé à son père Raymond VI (en 1222) s'était réconcilié avec l'Eglise et le roi de France, et

(1) D'après *l'abbé Caillau* (Hist. de Roc-Amadour, p. 94) Fortanier II aurait eu pour père non Bertrand 1er, comme le veulent les généalogies, mais ce *Pons de Gourdon*, seigneur de Belcastel dont la filiation n'est pas identifiée. Cela ne paraît guère vraisemblable.

Il est question de ce Pons de Gourdon ainsi que de son neveu Gausbert de Domme (les Gourdon étaient apparentés avec la famille de Domme) dans le cartulaire de Tulle. Pons de Gourdon fut bienfaiteur de l'abbaye de Tulle et de Roc-Amadour.

était rentré en possession de son comté.

Cette réconciliation en entraîna une autre : celle des seigneurs Quercynois avec Raymond VII: aussi ne sommes-nous pas étonnés de voir en janvier 1245 (nouveau style) Fortanier II lui rendre hommage pour divers domaines; dans cet acte de 1245, non plus que dans celui de 1259 au comte Alphonse de Poitiers, *Gourdon* n'est nommé; on peut en conclure que l'hommage continuait d'en être réservé au roi de France comme au temps de Bertrand Ier (1).

Ces actes d'hommages de 1245 et de 1259 mentionnent de nombreuses et importantes possessions et montrent bien, par là, la puissance de la famille de Gourdon au milieu du treizième siècle.

C'est à Fortanier II que l'on attribue la fondation de *Labastide* qui porta son nom (Labastide-Fortanière) en attendant de prendre, au commencement du dix-neuvième siècle le nom glorieux du roi Murat (2).

Fortanier II mourut vers 1259-60, laissant entre autres enfants (3).

1° *Pons II*, qui lui succéda;

2° *Marsebelie* ou *Sibylle de Gourdon* qui épousa Pierre de Limeuil, seigneur de Saint-Alvère (4).

3° *Hugues de la Roque*, dont nous reparlerons;

4° Il aurait eu aussi pour fils *Bernard de Gourdon* (5) qui fut un célèbre médecin de l'époque, professeur à l'Université de Montpellier et auteur de nom-

(1) *Chanoine Ed. Albe*. Notes communiquées.
(2) *Lacoste*. Histoire du Quercy, tome II, p. 202.
(3) *Ed. Albe*. Notes communiquées.
(4) Archives du Lot F 430
(5) Voir sur Bernard de Gourdon l'intéressant article publié par *M. Pierre Gary* dans le Journal le « Gourdonnais » des 10 et 17 février 1906.

breux ouvrages de médecine, entre autres le « *Lilium medicinae* » qui eut une grande réputation comme traité de thérapeutique et le « *de Signis pronosticis* » où était enseigné l'art de reconnaître les maladies.

Aymeric. — Le second seigneur qui accorde la charte aux Gourdonnais est Aymeric de Gourdon-Castelnau qui représente cette branche à Gourdon. Il est fils de Ratier Ier de Castelnau-Montratier (1) : on l'appelle Aymeric II en considérant que le premier Aymeric est celui du testament du comte Raymond Ier, en 961.

Il est coseigneur de Gourdon et seigneur de la Fontade et de Saint-Romain, aux portes de la ville; il possède la baronnie de Castelnau-Montratier et les domaines de Peyrille et de Lavercantière.

Il avait épousé Amagne et fondé avec elle, en 1235, le monastère de Dégagnazès, près de Peyrille (2).

Il vivait encore en 1259 où il hommageait au comte de Poitiers. Il mourut dans les années qui précédèrent 1263, laissant un important héritage à ses deux fils : Ratier II et Pons III. Ce dernier, étant mort sans enfants, Ratier II resta seul maître des biens paternels. Nous reparlerons de lui et de ses enfants (3).

Guillaume. — Le troisième et dernier seigneur nommé dans la charte, était *Guillaume*, représentant la *branche des Gourdon-Salviac* (4).

Nous ne savons pas quels liens de parenté l'unissaient à Fortanier II et à Aymeric de Gourdon-Cas-

(1) *Ratier Ier* eut peut-être pour frère *Pons de Gourdon*, seigneur de Belcastel, dont la filiation n'est pas identifiée; c'est du moins l'hypothèse émise par *M. le chanoine Albe*, dans les notes qu'il nous a communiquées.

(2) *Lacoste*. Histoire du Quercy, tome II, p. 243.

(3) *Limayrac*. Histoire d'une commune et d'une baronnie de Quercy (Castelnau-Montratier), pp. 123-128, etc.).

(4) *E. Albe*. Notes communiquées.

telnau. Peut-être était-il un neveu de Bertrand Ier et, par conséquent, un cousin de Fortanier II (1).

En 1242, Guillaume de Gourdon-Salviac hommageait (2) au comte de Toulouse et fondait le monastère de l'Abbaye-Nouvelle, appelé de Notre-Dame de Gourdon (3).

Seigneur de Salviac, il l'était très probablement (4) aussi de la Bouriane et fut vraisemblablement le père d'*Hélène de Gourdon* (5) qui prit en mariage Gisbert II de Thémines et lui apporta en dot la seigneurie de la Bouriane et une partie de celle de Gourdon.

Guillaume eut pour successeur à Salviac Aymeric II de Malemort, qui avait sans doute épousé une de ses filles (6) (Marie), et qui était le fils du sénéchal du Quercy Aymeric Ier de Malemort.

Avec Aymeric II de Malemort, la famille de Gourdon ne paraît plus à Salviac (7) mais les seigneurs de cette localité conservent une partie de la seigneurie de Gourdon jusqu'au jour où ils la vendront aux Tustal de Costeraste à qui, en 1453, les Penne-Thémines, coseigneurs de Gourdon, la rachèteront (8).

III. — La Charte de Coutumes.

Connaissant les seigneurs qui accordèrent aux habi-

---

(1) *E. Albe.* Notes communiquées.
(2) *Lacoste.* Histoire du Quercy, tome II, p. 253.
(3) *Lacoste.* Ibid. tome II, p. 253.
E. Albe. Notes communiquées.
(4) *E. Albe.* Notes communiquées.
(5) *E. Albe.* Ibid., plutôt que Pons de Belcastel; cf *Lacoste*, Histoire du Quercy, tome II, p. 298.
(6) *E. Albe.* Ibid.
(7) E. Albe. Ibid.
(8) *Lacoste.* Histoire du Quercy, tome III, p. 404.

tants de Gourdon la *charte de coutumes* (1), examinons maintenant les principales dispositions de celle-ci.

Le consulat. — La charte, datée du mois de février 1243 (1244 nouveau style), garantit la liberté individuelle des citoyens (art. premier) et consacre l'existence de quatre *consuls* ou prudhommes; ils sont établis pour le commun profit de la ville et des seigneurs; ils sont assistés de deux *sergents* (sirvens).

Les *sergents* sont nommés par les seigneurs.

Les *consuls* sont désignés par les consuls sortant de charge; ils n'exercent leurs fonctions que pendant un an; ils sont obligés d'accepter leur élection à peine d'une amende de 100 sols au profit de la communauté.

L'élection avait lieu le premier dimanche de mars; après avoir été faite, elle était notifiée par acte public. Une fois nommés, les consuls prirent l'habitude de désigner à leur tour les membres du *conseil* qui devaient les assister.

En entrant en charge, les consuls doivent prêter le *serment*, la main sur les évangiles, de garder, de défendre, de bonne foi et fidèlement, la seigneurie et les seigneurs, la ville et la communauté de Gourdon.

Ce serment était reçu par les seigneurs; ceux-ci, à leur tour, devaient *jurer* de se comporter en loyaux seigneurs, dans l'intérêt de la ville confiée aux prudhommes par le seigneur et le peuple, pour garder, défendre et conserver loyalement l'un et l'autre.

Les seigneurs qui octroient la charte de coutumes limitent très parcimonieusement les *attributions des*

(1) *Archives de Gourdon* AA² (Vidimus); — Voir ce Vidimus publié par Combarieu et Cangardel dans le Bulletin de la Société des Etudes, tome VI (année 1880), pp. 173 et suivantes.
Auguste Krœber. Revue historique de droit français et étranger (1860).
La Tour Saint-Ybars. Coutumes de Gourdon (extrait).

consuls qu'ils réduisent aux actes d'administration et de gestion des affaires communales.

L'exercice de la justice, auquel les communautés du Moyen âge tenaient tant, ne leur est confié que pour une part infime : aux termes de l'article 17, ils peuvent donner des *amendes* jusqu'à cinq sols, et ces amendes sont prononcées au profit de la communauté. Les consuls devaient peu à peu accroître leurs attributions de justice mais, comme nous le verrons, ce ne sera pas sans luttes.

Dispositions civiles. — La charte consacre la liberté de tester et recommande le respect des dispositions testamentaires. Elle admet le *retrait lignager* (1), faculté qu'avait le plus proche parent ou le plus diligent (s'il en existait plusieurs d'égaux en degré) de *retraire* (retirer, racheter) les choses aliénées. Elle prohibe l'achat des objets volés et réglemente l'investiture des biens vendus. Elle prescrit que les acquéreurs des biens d'église ou d'hôpitaux deviennent pour ces biens tenanciers du seigneur. Elle stipule que lorsqu'on doit livrer quelque chose au seigneur (qu'il s'agisse d'une terre, d'une maison, d'un jardin, d'une vigne ou de quelque autre bien) on a pour le faire un an et un jour. La charte s'occupe aussi de la réglementation des biens des étrangers.

Dispositions pénales. — La coutume prévoit le *cas de légitime défense* mais les pénalités qu'elle établit pour chaque catégorie d'infractions sont d'une *rigueur extrême.*

La *peine de mort* est, dans certains cas, d'une abominable cruauté : « Le meurtrier, déclare l'article 10,

(1) A Gourdon, le *retrait lignager* primait le *retrait féodal* ou faculté pour le seigneur de racheter le fief vendu par son vassal.

sera enseveli vivant sous le cadavre de sa victime. »

Les *voleurs* étaient punis de la peine du carcan, du pilori, du bannissement, de la marque au fer rouge.

Les *faux-témoins* avaient la langue percée d'une aiguille et devaient, ainsi mutilés, parcourir la ville : celui qui s'était servi de leur faux témoignage perdait son procès.

Surpris en *flagrant délit d'adultère*, le coupable devait être saisi nu, « en pantalons, et la femme en chemise »; une amende de 100 sous était prononcée contre le délinquant.

L'auteur du *viol* commis sur une fille vierge devait la prendre en mariage; s'il ne convenait pas à la fille, il devait lui trouver un mari qui lui plût, et se voyait infliger une amende de 100 sous au profit du seigneur. S'il ne pouvait exécuter ces prescriptions, il subissait l'horrible châtiment de la castration.

Les *infractions moins graves :* coups sans gravité; blessures avec ou sans effusion de sang, faites avec une pierre ou un bâton; violences commises la nuit contre une maison; détournement des messages; usage de faux poids ou de fausses mesures, tous ces délits étaient punis, selon les cas, d'amendes qui variaient généralement de cinq à 100 sols, ou de la saisie des biens, ou de la prison, ou encore de la mutilation du poignet (1) (perte de la main).

(1) *Amendes.* La peine pour les *coups sans gravité* est de cinq sols qui vont exclusivement au Seigneur; — Les *coups plus graves* (blessures faites avec une pierre ou avec un bâton) sont punis : 1° si la pierre manque son but de 5 sous d'amende, au profit exclusif du seigneur; 2° si la pierre touche son but sans qu'il y ait sang versé ni os cassé, de 10 sous; 3° s'il y a sang versé, de 100 sous d'amende dont 60 sous de justice, et 40 sous pour le seigneur; — les *blessures faites avec un couteau* sont punies : 1° s'il y a eu simple menace sans qu'aucun coup soit porté avec le couteau, de 50 sous au profit du seigneur; 2° si un coup a été porté avec le couteau sans qu'il y ait eu sang versé, de 100 sous au profit du seigneur; 3° si un coup a été porté avec le couteau et qu'il y ait eu sang versé, de 100 sous dont 60 vont à la justice

Dispositions fiscales et commerciales. — La charte renferme encore des dispositions fiscales et commerciales destinées à faciliter le paiement du cens et à favoriser le commerce.

C'est ainsi que le tenancier d'une terre ou d'une maison, s'il doit un cens au propriétaire, est tenu de le lui apporter au jour de l'échéance sans que ce propriétaire soit obligé de l'envoyer chercher; mais, aux termes de l'article 8, l'habitant de Gourdon n'est pas obligé de porter le cens au seigneur hors de la ville.

Le seigneur promet sa protection aux gens qui viennent au marché du jeudi : ils seront placés sous la sauvegarde seigneuriale depuis le mercredi matin jusqu'au vendredi soir, eux et leurs marchandises.

Dans le silence de la coutume, la charte pose en principe que le droit coutumier sera suppléé par le *droit romain* (art. 19).

Celui qui contreviendrait aux coutumes serait considéré comme ne faisant plus partie de la communauté et, par conséquent, n'aurait plus droit à sa protection, ni à celle du seigneur.

Telles sont les dispositions essentielles de la charte de coutumes; trois caractères sont à en retenir : limitation étroite des attributions consulaires; extrême sévérité du code pénal gourdonnais; en cas de défaut, le droit coutumier est suppléé par le droit romain.

La charte consacre donc l'existence d'un *régime communal*, mais elle limite si parcimonieusement les pouvoirs des consuls, organes de ce régime, qu'elle

---

(consuls et Viguiers) et 40 au seigneur. Si le délinquant ne peut payer l'amende, il subit la peine de la mutilation du poignet (perte de la main).

Le *port d'armes*, sans autorisation du seigneur ou des consuls, est puni d'une amende de 20 sous au profit du seigneur, et les armes sont confisquées.

semble avoir été rédigée plutôt en vue de la sauvegarde des droits seigneuriaux que des intérêts de la communauté.

Aussi les consuls ne tarderont-ils pas à trouver leur rôle trop restreint et s'efforceront-ils par tous les moyens d'accroître leurs attributions, particulièrement celles qui ont trait à l'exercice de la justice, au détriment de leurs seigneurs, jusqu'au jour où, à la fin du quatorzième siècle (1383), ils seront admis au pariage de la juridiction avec eux.

On le conçoit, cela ne se fera pas sans difficultés, et ce ne sera qu'au prix d'opiniâtres luttes que le consulat parviendra à triompher.

Mais le *régime communal*, c'est là un de ses caractères essentiels n'a rien, à proprement parler, de démocratique, c'est avant tout un *régime bourgeois* : les consuls, représentants de la communauté seront toujours choisis, en effet, dans la classe riche, parmi les *maiores*, les notables de la cité, et l'accroissement de leur puissance, leurs acquisitions successives ne profiteront généralement qu'à la *bourgeoisie;* le peuple, la foule des *minores* n'en retirera le plus souvent aucun avantage. De là, le mécontentement de la classe populaire qui déterminera de graves conflits, des soulèvements de la plèbe contre le consulat et les bourgeois.

Le pouvoir consulaire aura donc à soutenir une double lutte : d'une part contre les seigneurs ennemis de son développement, d'autre part contre le peuple désireux d'en profiter. C'est cette lutte que nous aurons à retracer car elle remplit l'histoire de Gourdon au Moyen âge.

La Maison de Gourdon de la fin du XIIe s. à la seconde partie du XIIIe siècle [1]

(d'après les travaux de M. LE CHANOINE ALBE [2] et de M LIMAYRAC [3], ancien député du Lot)

BRANCHE DES GOURDON SAINT-CIRQ

d'après M. le Chanoine Albe

FORTANIER Ier DE GOURDON
probablement fils de Pons Ier et petit-fils d'Aymeric III de Gourdon;
meurt, vers 1189, en combattant Richard Cœur de Lion.

BERTRAND Ier DE GOURDON, poète
probablement fils de Fortanier Ier;
est-ce le Bertrand de la légende [?];
hommage au roi de France en 1211, 1226, 1227.

FORTANIER II
probablement fils de Bertrand Ier;
il accorde la charte de 1244;
il fonde La Bastide-Fortanière;
il meurt vers 1259-60.

PONS II DE GOURDON
fils de Fortanier II;
épouse Alamandé de Turenne 1258.
[*rameau des Gourdon-Gourdon*]

HUGUES DE LA ROQUE
fils de Fortanier II
[*rameau des Gourdon St-Cirq-La Roque*]

MARSÉBELIE
épouse Pierre de Limeuil

BERNARD DE GOURDON
célèbre médecin, professeur à Montpellier;
peut-être fils de Fortanier II [?].

BRANCHE DES GOURDON-CASTELNAU

d'après M. Limayrac

AYMERIC Ier DE GOURDON
nommé, avec son fils Géraud, dans le testament de Raymond Ier, en 961.

X

RATIER Ier DE GOURDON-CASTELNAU
mort en 1225.

(d'après M. le Chanoine Albe PONS, seigneur de Belcastel serait peut-être le frère de Ratier Ier).

AYMERIC II DE GOURDON-CASTELNAU
accorde la charte de coutumes de 1244

PONS III
meurt sans enfants

RATIER II
seul maître des biens paternels

BRANCHE DES GOURDON-SALVIAC

d'après M. le Chanoine Albe

GUILLAUME DE GOURDON-SALVIAC
coseigneur de Gourdon et très probablement seigneur de la Bouriane;
peut-être neveu de Bertrand Ier et cousin de Fortanier II;
accorde la charte de 1244

MARIE
épouse Aymeric II de Malemort qui succède à Guillaume à la tête de la baronnie de Salviac.

HÉLÈNE DE GOURDON
très probablement fille de Guillaume; épouse Gisbert II de Thémines et lui apporte en dot la Bouriane et une partie de la seigneurie de Gourdon.

---

1. Les filiations identifiées avec certitude sont indiquées par un trait vertical.
2. *Chanoine E. Albe.* — Notes communiquées.
3. *Limayrac.* — Histoire d'une commune et d'une baronnie de Quercy. [Castelnau-Montratier].

CHAPITRE IV.

Affaiblissement de la branche directe de la Maison de Gourdon et Premiers Progrès du Consulat

(Fin du XIIIe siècle)

La maison de Gourdon, toute puissante vers le milieu du treizième siècle, va voir maintenant s'affaiblir lentement, par un appauvrissement continu, sa branche directe, celle qui réside à Gourdon où elle est en possession de la majeure partie de la seigneurie.

Cet affaiblissement qui résultera des embarras financiers auxquels les seigneurs gourdonnais se trouveront aux prises, aura pour *conséquence* de favoriser les progrès du consulat qui en profitera pour développer sa puissance.

I. — Affaiblissement des Gourdon-Gourdon; les Coseigneurs de la ville à la fin du XIIIe siècle.

La seigneurie de Gourdon, vers la fin du treizième siècle, dans les années qui suivent la mort de Fortanier II (survenue vers 1260), est la propriété des *coseigneurs* suivants :

1° Des fils de Fortanier II qui en possèdent la majeure partie, et représentent la grande branche des *Gourdon Saint-Cirq;* celle-ci forme avec eux deux rameaux distincts : celui des *Gourdon-Gourdon* avec

Pons II, qui continue de résider au château de notre ville, et celui des *Gourdon-Saint-Cirq-Cenevières-la-Roque* avec Hugues de la Roque, qui habite dans ses possessions des bords du Lot;

2° Des fils d'Aymeric II de Castelnau, Ratier II et Pons III (et après la mort de celui-ci, Ratier II seul); ils représentent la branche des *Gourdon-Castelnau et Sauveterre* qui, avec les enfants de Ratier II, va se diviser en deux rameaux : celui des *Castelnau-Montratier*, et celui des *Gourdon-Peyrille.*

3° Le reste de la seigneurie appartient au successeur de Guillaume de Gourdon-Salviac *Aymeric II de Malemort*, et à une nouvelle famille, qui y est entrée depuis peu, les *Thémines.*

Pons II de Gourdon. — Pons II de Gourdon et Hugues de la Roque, tous deux fils de Fortanier II, succédaient à leur père vers 1260. Représentant la ligne directe des Gourdon Saint-Cirq, le premier allait fonder la branche (directe) des *Gourdon-Gourdon*, le second celle des *Gourdon-Saint-Cirq-Cénevières-la-Roque.*

Pons II s'était marié, du vivant de Fortanier II, en 1258, avec Alamande de Turenne, et, à l'occasion de ce mariage, son père lui avait donné le château de Gourdon avec toutes ses appartenances ainsi que des droits sur diverses terres, notamment sur Labastide, récemment fondée par lui (1).

Pons II, principal seigneur de Gourdon, résidait dans la seigneurie de ses pères. Avec lui, se manifestent déjà les premiers symptômes d'affaiblissement des Gourdon-Gourdon.

---

(1) Saume de l'Isle, f. 1088 (inventaire des archives dép. du Tarn-et-Garonne, série A); — *E. Albe.* Notes communiquées.

Auparavant à l'apogée de leur puissance, les seigneurs Gourdonnais avaient été obligés, avec Fortanier II, de céder, en 1244, au mouvement communal; ils n'avaient pas fait, sans doute, de bien larges concessions aux habitants de leur ville mais avaient dû quand même leur accorder des franchises, leur reconnaître des droits de nature à les soustraire à l'arbitraire de la volonté seigneuriale : leur autorité quasi-discrétionnaire y avait perdu d'autant.

Mais ce qui n'est pas moins grave, Fortanier II, de son vivant, avait contracté des dettes : nous voyons, en effet, Pons II, peu de temps après la mort de son père, intervenir dans un acte où il est question des *créanciers* du défunt, Hugues de Quissac et ses héritiers (1).

Pons II eut à s'occuper de la condition des Juifs qui demandaient à venir s'établir à Gourdon; la ville faisait alors un grand commerce avec les grands centres du sud-ouest et du midi, notamment Bordeaux et Montpellier, ce qui était bien de nature à attirer les négociants israélites. Pons leur accorda une charte assez libérale (2) (1267).

Pons II accepta sans faire de difficultés les conséquences du traité de Paris de 1259 : en février 1264, il déclarait renoncer à la suzeraineté de Louis IX et reconnaître celle du roi d'Angleterre, duc de Guyenne. L'acte d'hommage renferme un détail qui peut expliquer pourquoi le seigneur de Gourdon se soumit facilement à la domination anglaise : Pons demande au roi d'Angleterre (et il en obtient la promesse) que

(1) Saume de l'Isle f. 1086 (Invent. des archives départementales du Tarn-et-Garonne, série A); — *Albe*. Notes communiquées.
(2) Saume de l'Isle f. 1159; — *Albe*. Notes communiquées.

Gisbert de Thémines, coseigneur de Gourdon depuis son mariage avec Hélène, fille de Guillaume de Salviac, lui fasse hommage à lui-même de ce qu'il possédait à raison de la dot de sa femme, comme Gisbert et les ascendants d'Hélène faisaient auparavant au roi de France (1).

Pons II mourut relativement jeune, laissant au moins six enfants (2) :

1° Fortanier III qui lui succéda à la tête de la seigneurie de Gourdon;

2° Pons III qui fut clerc puis, abandonnant la cléricature, entra dans l'armée;

3° Galhard qui fut prieur commendataire du Mont-Saint-Jean et archiprêtre de Gignac;

4° Bertrand, templier de Cahors, puis hospitalier de Saint-Jean et prieur de Saint-Gilles;

5° Guillaume, religieux d'Aurillac;

6° Marguerite, qui épousa Bernard de Penne, fils du seigneur de la Guépie, Raymond Ameil.

Fortanier III de Gourdon-Gourdon; sa jeunesse. — Les premiers symptômes d'affaiblissement des Gourdon-Gourdon ont déjà apparu avec Pons II. Avec son fils Fortanier III, la crise va s'accentuer, et la branche directe des Gourdon, jadis si riche et si puissante, va s'appauvrir progressivement par des dettes répétées et des aliénations successives.

Fortanier III était encore mineur à la mort de son père, et une tutelle s'imposait. Elle fut confiée à son oncle maternel, le vicomte Raymond de Turenne, frère d'Alamande (3).

(1) *E. Albe.* Les suites du traité de Paris de 1259 pour le Quercy, p. 5 (extrait des Annales du Midi, 1911).
Rymer. Acta et Fœdera (édit. de 1727), tome III, pp. 760-761 et 779.
(2) *E. Albe.* Notes communiquées.
(3) *Albe.* Notes communiquées.

Les difficultés d'une existence tourmentée devaient assaillir Fortanier III dès sa jeunesse. Son oncle paternel Hugues de la Roque et son cousin Fortanier de la Roque, fils de Hugues, lui intentèrent un procès au sujet du partage que Fortanier II avait fait de ses biens entre ses enfants.

L'affaire fut portée devant le Parlement mais ne put aboutir (juillet 1278) (1); les parties décidèrent alors de s'en remettre à un arbitrage et le seigneur de Gramat Hugues de Castelnau, qui avait la réputation d'être un homme consciencieux, fut pris pour arbitre. Il régla le différent en accordant :

1° A Hugues de la Roque et à ses enfants, un tiers de la suzeraineté et de la juridiction de Gourdon; une petite partie du château de Gourdon, avec des possessions importantes et des juridictions du côté du Lot;

2° A Fortanier III, une grande partie du château de Gourdon (la moitié de la grande salle, les barbacanes, les portes, la tour grande, etc.) (2).

En 1278, Fortanier III se mariait et épousait Gatienne ou Galienne de la Porcherie; c'était la fille d'un chevalier du Limousin, messire Bernard, seigneur de Sadroc (dans le département actuel de la Haute-Vienne).

Les embarras financiers de Fortanier III. — L'existence de Fortanier III allait être empoisonnée par toutes sortes d'*embarras financiers*.

Sa sœur Marguerite avait été mariée à Bernard de Penne, le fils du seigneur de la Guépie. Fortanier III, dans l'obligation de fournir la dot qu'elle avait reçue de son père, et ne pouvant s'exécuter, emprunta au

(1) Saume de l'Isle, f. 1166; — *Albe*. Notes communiquées.
(2) *E. Albe*, Notes communiquées.

banquier de Cahors, Jacques de Jean, qui consentit à lui prêter, mais, pour garantir sa créance, constitua une hypothèque sur plusieurs possessions de Fortanier, entre autres Labastide (1289) (1).

Pour se procurer des fonds, le seigneur de Gourdon accordait des chartes de libertés familiales : en 1289, par exemple, il conférait aux frères Deyssac, de Saint-Projet, des privilèges consistant dans des exemptions de tailles et des libertés de four et de moulin (2). Ces mesures ne donnaient guère de résultats.

Aux prises avec des difficultés pécuniaires sans cesse renaissantes, Fortanier III et ses frères Pons et Galhard, pour avoir de l'argent, échangeaient (en mai 1290) moyennant soulte, la villa de la Bastide avec ses dépendances et plusieurs autres châteaux et terres, contre les villas et repaires de Lunegarde, de Boussac et de Relhiac, etc. L'échange était fait avec Guillaume Balène, varlet du roi de France; la soulte était de 2.460 livres environ. Jacques de Jean, le banquier de Cahors, qui avait une hypothèque sur Labastide et sur plusieurs des autres biens qui faisaient l'objet de l'échange, prit part naturellement à l'acte (3).

A bout de ressources, Fortanier III résolut d'emprunter à son suzerain, le roi d'Angleterre lui-même. Mais Edouard Ier lui fit savoir qu'il ne consentirait à lui prêter qu'en retour de sérieuses garanties. Devant cette exigence, Fortanier III renonça à l'emprunt et crut préférable de recourir aux aliénations. Il vendit au roi d'Angleterre, pour 2.000 livres, des terres voisines de Séniergues sur lesquelles le monarque fit bâtir la bas-

(1) Saume de l'Isle, f. 1102; *E. Albe*. Notes communiquées.
(2) *Saint-Marty*. Histoire du Quercy, p. 54.
(3) Saume de l'Isle, f. 1290; — *Albe*. Notes communiquées.

tide de Montfaucon (1).

Le prix de cette vente ne suffit pas au seigneur de Gourdon : toujours besogneux, Fortanier III poursuivit l'appauvrissement de sa maison en renouvelant les aliénations : il céda à son cousin Fortanier de la Roque, fils de Hugues, la partie de la Roque-des-Arcs que les Gourdon-Gourdon possédaient (2), il vendit la juridiction haute, moyenne et basse de Payrac avec quelques terres, aux neveux du damoiseau Arnaud de Verneuil, pour la somme de 4.500 sous tournois (3); en 1299, il aliénait le château de Sadroc, en Limousin, qui lui venait de sa femme Gatienne de la Porcherie (4).

Pendant ce temps, Jacques de Jean rachetait leurs titres aux divers créanciers de Fortanier qui, dans l'impossibilité où il était de les désintéresser, assistait, impuissant, à la perte des gages qu'il leur avait donnés, comme Labastide, Frayssinet, Soyris, Lentilhac dont le banquier de Cahors, qui avait réuni entre ses mains toutes les créances, s'emparait vers 1299 (5).

Dans la détresse où les embarras financiers l'avaient jeté, Fortanier III, tenta un dernier effort pour relever sa fortune : sa première femme, Galienne de la Porcherie, était morte au cours de tous ces revers: il résolut de s'allier à une nouvelle famille qui allait croître à côté de la sienne et s'était déjà installée dans

(1) *E. Albe*. La Bastide de Montfaucon, d'après les archives de Londres, dans la Revue religieuse de Cahors, XVIe année, p. 833.

(2) Saume de l'Isle, f. 1098.

(3) Saume de l'Isle, f. 1227; — En 1294, une transaction sur procès avait lieu entre Fortanier III et ses vassaux les Vassal, les Auriol, les Engolême, chevaliers et damoiseaux de Frayssinet, de St-Chamarand et leurs dépendances. Il fut convenu que Fortanier n'aurait le droit de de Saint-Cirq-bel-Arbre, au sujet de la juridiction de ces lieux et de l'y exercer qu'au défaut et par la négligence des autres. Voir *Lacoste*. Hist. du Quercy, tome II, p. 394.

(4) *E. Albe*. Notes communiquées.

(5) Saume de l'Isle, f. 1104-1107; — *E. Albe*. Notes communiquées.

la seigneurie par le mariage d'un de ses membres, Gisbert II de Thémines, avec Hélène de Gourdon-Salviac : il épousa en deuxièmes noces Fayts de Thémines, fille de Gisbert II et d'Hélène, qui lui apportait une dot de 3.000 livres (1).

Mais cette tentative de Fortanier III devait rester à peu près infructueuse : il ne touchait pas, d'ailleurs, la dot de sa femme car elle était versée à trois de ses principaux créanciers : Bernard de Penne, son beau-frère (500 livres), Barascon de Thémines, frère de Gisbert II (1.000 livres) et le roi de France (1.500 livres).

Fortanier III ne survécut pas longtemps à ce mariage; harcelé par ses créanciers, dans l'impossibilité de fournir la dot de sa fille Alamande (2), il mourait vers 1302-1303, laissant entre autres enfants (3) :

1° Bertrand, qui allait lui succéder;

2° Fortanier IV, qui allait faire de même;

3° Alamande, mariée à Maffre de Salinhac;

4° Gailhard, dont on ignore la destinée (?).

Il nous faut parler maintenant des *autres coseigneurs* de Gourdon au temps de Pons II et de Fortanier III.

Hugues de la Roque et son fils Fortanier. — L'autre fils de Fortanier II était *Hugues de la Roque* dont il a déjà été question à propos de l'arbitrage de 1278 tranchant le litige qui s'était élevé entre Hugues et son neveu Fortanier III.

Tandis que son frère Pons II fondait la branche des *Gourdon-Gourdon* et continuait de résider à Gourdon, Hugues était la souche de celle des Gourdon-

(1) *Saume de l'Isle*, f. 1208.
(2) Archives du Lot, f. 431.
(3) *E. Albe*, Notes communiquées.

Saint-Cirq-Cénevières-la-Roque et habitait ses possessions des bords du Lot, de préférence La Roque-des-Arcs; c'est de là que lui venait son surnom (1).

Hugues de la Roque fut le père de Fortanier Ier de la Roque qui prit part au procès entre son cousin Fortanier III et son père, et qui succéda à ce dernier; il eut aussi très vraisemblablement deux autres enfants : Bertrand Ier ou Bernard qui entra dans les ordres et qu'on trouve chanoine de Rodez vers 1326, et Barrère dont on ignore la destinée (2).

Ratier II de Castelnau et ses fils. — Tandis que Pons II et Hugues héritaient, de leur père Fortanier II, de la part de la seigneurie de Gourdon qui appartenait aux Gourdon-Saint-Cirq, Ratier II de Castelnau et son frère Pons III recevaient, de leur père Aymeric, celle des Gourdon-Castelnau et Sauveterre (3).

Pons III étant mort peu après sans laisser d'enfants, Ratier II se trouva seul maître des biens paternels qui formaient de nombreux et importants domaines comme nous l'indique une mention relative à la baronnie de Castelnau contenue dans l'acte de 1286 par lequel le roi de France, en exécution d'un traité fait en 1279 (la paix d'Amiens), accordait au roi d'Angleterre certains droits sur le Quercy (4).

Ratier II eut deux fils, Ratier III et Aymeric III, qui se partagèrent les possessions paternelles et héritèrent de la part des Gourdon-Castelnau sur la seigneurie de Gourdon (vers 1292).

Ratier III obtint, dans le partage, la baronnie de Castelnau-Montratier avec ses dépendances et continua

(1) *E. Albe.* Notes communiquées.
(2) *E. Albe.* Ibid.
(3) *E. Albe.* Ibid.
(4) *E. Albe.* Les suites du traité de Paris de 1259, pp. 33-34 (extrait des Annales du Midi, année 1911).

sa lignée dont nous n'aurons plus à nous occuper dorénavant car elle allait finir par Hélène de Gourdon-Castelnau, fille de Ratier III, avec laquelle les *Roquefeuil* devaient succéder aux *Castelnau-Montratier* à la tête de la baronnie (1).

Aymeric III hérita des possessions de la région gourdonnaise et fut la souche des *Gourdon-Peyrille*, les seuls héritiers des Castelnau dont nous ayons à reparler dans la suite.

Aymeric II de Malemort et Gisbert II de Thémines. — Etaient encore *coseigneurs* de Gourdon vers la fin du treizième siècle *Aymeric II de Malemort* et *Gisbert II de Thémines* qui avaient acquis, nous l'avons vu, la part des Gourdon-Salviac sur la seigneurie de notre ville, par leur mariage avec les filles de Guillaume de Salviac, Marie et Hélène.

Aymeric II de Malemort avait épousé Marie; avec lui, la famille de Gourdon ne paraît plus à Salviac: mais les barons de cette localité conservent jusqu'au quinzième siècle une part de la seigneurie de Gourdon.

Gisbert II de Thémines, l'époux d'Hélène (2), était fils des fondateurs de l'Hôpital-Beaulieu, Gisbert Ier et Aigline; il s'était installé à Gourdon par son mariage dès le temps de Fortanier II; sa femme lui avait apporté, en outre des droits sur la seigneurie de notre ville, les domaines de la *Bouriane*.

Gisbert II n'avait pas eu de très bonnes relations avec Fortanier II et Pons II et des litiges s'étaient élevés à plusieurs reprises entre eux (3); sa famille allait profiter de l'affaiblissement croissant des sei-

---

(1) *E. Albe.* Notes communiquées.
(2) *E. Albe.* Notes communiquées.
(3) Saume de l'Isle, f. 1154 et f. 1145; — *E. Albe.* Notes communiquées.

gneurs de la branche directe des Gourdon pour développer sa puissance.

Le seigneur de la Bouriane possédait une habitation dans le château de Gourdon comme nous l'indique l'arbitrage de 1278 entre Hugues de la Roque et Fortanier III (1); mais il résidait de préférence tantôt à Milhac (2), tantôt à Nadaillac (près Payrignac).

En 1292, il accordait une charte de coutumes aux habitants de la Bouriane. En 1294, il mariait sa fille Fayts à Fortanier III (3).

Il eut de nombreux enfants parmi lesquels : *Gisbert III de Thémines* et *Guillaume de Gourdon* à qui il laissa ses biens de la région gourdonnaise; Gisbert, damoiseau; Fayts, mariée à Fortanier III; Aigline, prieure de l'hôpital Beaulieu; Barrare, qui épousa Pierre de Gontaut (4).

II. — Les premiers progrès du Consulat.

L'affaiblissement de la branche directe de la maison de Gourdon, aussi bien que l'éloignement de plusieurs des coseigneurs appartenant aux branches collatérales demeurant loin de la ville, eut pour *conséquence* de faciliter singulièrement les progrès du Consulat et de la Communauté.

L'ADMINISTRATION DE LA JUSTICE A GOURDON. — La communauté de Gourdon, comme en général toutes celles du Moyen âge, tenait beaucoup à obtenir l'exer-

(1) *E. Albe.* Notes communiquées.

(2) Au Vieux Château de Milhac, en face du Milhac actuel dont l'ancien nom est Villeneuve.

(3) Saume de l'Isle, f. 1208.

(4) *E. Albe.* Notes communiquées. Voir *Lacoste.* Histoire du Quercy, tome II, p. 337). Nous ne ferons pas l'histoire de la famille de Thémines, cela sort trop de notre sujet; nous en parlerons dans la mesure où l'exigera l'histoire de Gourdon.

cice de la justice. Plusieurs motifs l'y poussaient : pour les habitants le désir d'une juridiction certaine, plus équitable et plus impartiale; pour les consuls, une augmentation d'attributions et surtout la perception de taxes qui enrichissaient la caisse communale.

On comprend aisément dès lors que l'effort du consulat, cherchant à développer sa puissance, ait porté dès le début sur l'administration de la justice et que les représentants de la ville aient ambitionné avant tout l'exercice du pouvoir judiciaire.

Vers le milieu du treizième siècle, à l'époque où fut promulguée la charte de coutumes (1244), ce pouvoir était confié aux juges seigneuriaux, les *viguiers* ou vicaires.

L'institution de la *viguerie* (1) à Gourdon remontait-elle au temps des antiques vicairies ou bien avait-elle été créée en vue de faciliter l'exercice de la justice dans une seigneurie qui était la copropriété de plusieurs seigneurs, dont la plupart n'habitaient pas la ville? Il est difficile de le préciser.

Quoi qu'il en soit, cette institution apparaît très ancienne à Gourdon, au milieu du treizième siècle.

Elle est alors la *propriété* de plusieurs familles, parmi lesquelles celle des Engolême; elle comporte *seize parts* : en 1286, toutes, sauf deux qui appartiennent à Pierre de Peiregort et Bernard de Quercy, sont entre les mains des Engolême (2).

Les *émoluments de la viguerie* consistent dans un tant pour cent sur les amendes et sur les criées ou

(1) *Combarieu et Cangardel*. Bulletin de la Soc. des Etudes du Lot, tome VI (1880), p. 150.
E. Albe. Notes communiquées.

(1) *E. Albe*. Notes communiquées. Les Engolême étaient originaires du village de Golême ou Goulême, près Concorès; ils possédaient une maison à Gourdon ou un quartier de la ville portait leur nom. Voir E. *Albe*. Autour de Jean XXII, familles du Quercy, tome II, p. 195 et suivantes.

proclamations (clams); en second lieu, dans les revenus de la *leude* ou *leyde*, droit spécial qui se lève sur les boutiques des marchands; ce droit se divisait en plusieurs parts et chacune pouvait avoir plusieurs propriétaires.

Les *assises* de la viguerie se tenaient assez régulièrement presque chaque semaine.

Les viguiers, même après la promulgation des coutumes, restaient les seuls administrateurs de la justice : la charte, en effet, dans son article 17 parlant des sentences des consuls, leur reconnaissait bien un certain exercice de la juridiction mais ce pouvoir était à peu près illusoire car elle ne les autorisait à prononcer que des amendes de moins de six sols.

Les représentants de la cité, trouvant leur rôle judiciaire insuffisant, vont s'efforcer de l'élargir, d'accroître leurs attributions pour développer leur puissance, et la lutte va s'engager, opiniâtre, des consuls et des bourgeois (parmi lesquels on les choisit toujours) contre les seigneurs et les viguiers, lutte qui ne tardera pas à se compliquer de conflits avec le peuple qui ne profite pas des acquisitions consulaires, presque exclusivement avantageuses à la bourgeoisie, et avec le clergé, jaloux de ses prérogatives.

Lutte des consuls contre les seigneurs; sous Fortanier II. — Les premières difficultés entre le consulat et la seigneurie naquirent quelques années à peine après la promulgation de la charte, du vivant même de Fortanier II.

Profitant de la disposition de la coutume qui leur reconnaissait le droit de prononcer des amendes (jusqu'à 5 sols) au profit de la communauté, les consuls réussirent à intervenir dans les procès : c'est ainsi qu'en décembre 1252, ils sont arbitres dans une affaire de meurtre de Guillaume Lespinasse entre les parents de la victime et ceux de l'accusé; l'arbitrage est validé par le seigneur qui met son sceau au bas de l'acte, à côté du sceau consulaire (1).

L'année suivante, non contents de s'être immiscés dans les affaires de justice, ils commencent à racheter aux viguiers une partie de la leyde qui grevait, nous l'avons dit, assez lourdement les boutiques et bancs des marchands et artisans au profit des seigneurs et de leurs représentants (2).

Est-ce à la suite de cette acquisition que la lutte éclata entre Fortanier II et les consuls ou bien est-ce à la suite de quelque autre incident? Nous ne saurions le préciser. Néanmoins, il est fort probable que cette tentative du consulat pour s'emparer d'une partie de l'administration de la justice (tentative qui sans doute ne fut pas la seule), eut pour résultat d'exciter le mécontentement du seigneur de Gourdon; trois ou quatre ans après, nous le voyons, en effet, se plaindre de la mauvaise observation de la charte par ceux-là mêmes qui devaient en faire respecter les dispositions.

Cependant, cette première querelle ne tarda pas à s'apaiser, et au mois de juillet 1258, un accord intervint, entre Fortanier II et les consuls, en vertu duquel il était décidé que, dans un but de paix et de concorde, les coutumes seraient désormais scrupuleusement observées; quant aux infractions aux prescriptions de la charte dont les membres de la communauté s'étaient rendus coupables, elles étaient entièrement pardon-

(1) *Archives de Gourdon.*
(2) Bull. de la Soc. des Etudes, tome VI, p. 151.
E. Albe. Notes communiquées.

nées (1).

Sous Pons II et Fortanier III. — Cet accord ne devait être que provisoire et les difficultés n'allaient pas tarder à renaître avec les successeurs de Fortanier II, Pons II et Fortanier III.

Les consuls profiteront de l'affaiblissement de la branche directe de la famille de Gourdon et des embarras financiers de leurs seigneurs pour s'enhardir dans leurs manœuvres en vue de l'augmentation de leurs pouvoirs.

C'est peut-être à la suite de différents analogues aux précédents et suivis d'une conclusion semblable à l'accord de 1258, que l'évêque de Cahors Barthélémy et le sénéchal du Quercy confirmèrent les coutumes de la ville par un vidimus daté de 1268 (2).

Quoi qu'il en soit, les consuls reprennent l'œuvre commencée dès 1253 et, au mépris de leurs engagements, renouvellent leurs assauts contre la charte.

Ils s'efforcent de concentrer entre leurs mains les droits de leyde imposés à leurs administrés : en 1269, ils achètent à *Gasbert Guiraudon* sa part de la leude et peut-être aussi ses droits sur la viguerie (3). Profitant de la jeunesse et de l'inexpérience de Fortanier III autant que de l'éloignement de son tuteur le vicomte de Turenne, ils parviennent même, en 1284, à s'emparer d'une part importante du droit de justice en achetant aux héritiers du chevalier *Pierre Auriol*, les époux Bertrand de Laroche et dame Raymonde, tous les droits qu'ils possèdent sur la viguerie de Gourdon

(1) *Archives de Gourdon* II5 f. 11.

(2) *Archives de Gourdon.* AA2; — Voir le texte de ce vidimus dans le Bulletin de la Société des Etudes du Lot, tome VI (année 1880), p. 173.

(3) *Archives de Gourdon.* DD2.

et sur la juridiction haute, moyenne et basse de la ville (1).

Ils en prenaient à leur aise avec l'autorité seigneuriale, usurpant le droit réservé aux seigneurs et à leurs représentants de mettre en prison, faisant dresser des fourches patibulaires pour la pendaison des criminels, nommant des sergents à leur fantaisie, se faisant prêter serment par les habitants, laissant ceux-ci bâtir sur les fossés et pratiquer des ouvertures dans les remparts pour la commodité des maisons attenant aux murailles (2).

Ces progrès de la puissance consulaire et ces usurpations des droits seigneuriaux, sans cesse renouvelés, provoquèrent chez Fortanier III le plus vif mécontentement : en 1286, il adressait au Parlement de Toulouse une plainte au sujet des constants empiètements des consuls et des habitants de Gourdon.

Le Parlement nomma deux délégués, les clercs du sénéchal, Raoul Dulcis et Hélie Marchand, qui furent chargés d'aller faire une enquête sur place afin de se bien rendre compte des torts que Fortanier III reprochait aux Gourdonnais : effectivement, ils constatèrent le bien-fondé des réclamations du seigneur de Gourdon mais, malheureusement, nous ignorons la sentence qu'ils rendirent (3).

Nous connaissons, du moins, l'accord qui intervint dans cette même année 1286 entre les consuls et les viguiers. Jusqu'alors, ces derniers n'avaient pas voulu reconnaître de bon gré aux consuls, acquéreurs d'une partie du droit de justice, le pouvoir d'exercer ce droit concurremment avec eux : cette immixtion des

(1) *Archives de Gourdon*. II5.
(2) *Archives de Gourdon*, FF25 165, 181.
(3) *Archives de Gourdon*. FF25; FF47,30; FF24,145.

consuls dans la viguerie avait, en effet, pour résultat, non seulement d'augmenter les pouvoirs du consulat au détriment de la puissance seigneuriale représentée par les viguiers, mais encore de diminuer le produit des taxes perçues, au profit de ces derniers, sur les habitants de la ville.

Cependant on ne pouvait nier aux consuls, propriétaires d'une part de la viguerie, le droit d'user du pouvoir que leur conférait cette propriété.

C'est ce que les viguiers furent obligés d'admettre par *l'accord de 1286* : aux termes de cet acte, les consuls pouvaient dorénavant désigner chaque année l'un d'entre eux ou tout autre prudhomme de Gourdon qui exercera, en leur nom, la justice concurremment avec les viguiers : ce sera le *viguier du consulat* qui siègera à côté de ceux de la seigneurie.

Il est stipulé toutefois que les consuls ne pourront, de concert avec leur délégué, dresser des enquêtes sauf le cas où les autres viguiers, quoique dûment convoqués, refuseraient de s'en occuper.

Enfin, aucun des membres de la viguerie ne pourra percevoir de droits sur aucun habitant de Gourdon (ou tout autre), si cet homme n'a été préalablement condamné aux assises communales tenues par les viguiers (1).

Le droit de *leyde* fut fixé par un accord de la même année (octobre 1286).

Il fut décidé que les viguiers pourraient prélever à leur profit comme droit de leude la somme de 8 deniers sur chaque *sabatier* (cordonnier) et *affachaire* (tanneur), tenant banc sur la place publique (devant l'église); la somme de 2 deniers seulement sur la

(1) *Archives de Gourdon.* FF25165; II5.

boutique (hobrador), située en ville, de chaque cordonnier ou tanneur; enfin, de 2 deniers sur chaque marchand de draps (1).

Ce droit de leude serait levé chaque année les premier et second jeudi avant la Noël.

Ainsi, à partir de 1286, les consuls ont part à l'administration de la justice qu'ils exercent dès lors concurremment avec les viguiers. C'est là une acquisition qui augmente considérablement la puissance du Consulat, et le résultat le plus important de sa lutte contre la seigneurie et ceux qui la représentent, dans la seconde moitié du treizième siècle.

Lutte des consuls contre le peuple : le soulèvement de 1288. — A peine les consuls s'étaient-ils mis d'accord avec les viguiers, qu'ils se voyaient entraînés dans un nouveau conflit, provoqué cette fois non plus par la seigneurie mais par le peuple de Gourdon mécontent.

Le mécontentement populaire tenait à plusieurs *causes*.

La classe inférieure ne profitait pas des acquisitions consulaires : les magistrats de la communauté, étant toujours choisis, en effet, parmi les bourgeois, les riches commerçants, les membres des familles les plus importantes de la ville, dans leurs efforts pour accroître, aux dépens de la charte, leurs pouvoirs et leurs privilèges, n'avaient jamais en vue que leur intérêt et celui de la classe à laquelle ils appartenaient, la bourgeoisie. En sorte que le peuple (le *popolar*), les *minores*, artisans, petits boutiquiers ou travailleurs de la glèbe ne retiraient aucun avantage des progrès du

(1) *Archives de Gourdon.* FF25; et dans le Bulletin de la Société des Etudes, tome VI, pp. 153-154.

consulat. Bien au contraire, c'était sur eux que retombait tout le poids des impôts dont les consuls ne faisaient pas une équitable répartition.

Enfin, les consuls et les bourgeois parmi lesquels ils se recrutaient, étant le plus souvent des marchands et des prêteurs d'argent, étaient aussi pour la plupart créanciers des gens du peuple à qui ils ne prêtaient que sur de fortes garanties et qu'ils tracassaient continuellement de leurs menaces et de leurs réclamations de paiement.

Le mécontentement, provoqué par cet état de choses, détermina chez le peuple un *soulèvement*, en 1288.

L'émotion fut grande dans la bourgeoisie gourdonnaise; la colère du peuple est toujours dangereuse; les *populares* formèrent une confédération contre les *majores;* effrayés, ceux-ci ne songèrent même pas à résister; menacés par l'émeute, ils capitulèrent devant les *minores* qui avaient chargé deux des leurs de porter leur cause devant le conseil du roi.

Le 4 juillet 1288, l'accord s'établit entre les bourgeois et le peuple; c'était un traité de paix entre les deux classes. Il fut conclu dans la maison des Frères Mineurs ou Cordeliers de Gourdon, en présence de Me Arnaud Clari, juge de Périgord et Quercy (1).

L'acte s'occupe avant tout d'une plus juste répartition des impôts : la *taille*, fixée chaque année par les consuls, sera établie équitablement de la manière suivante :

Tout citoyen ayant 10.000 sols ou plus de fortune paiera 10 sols.

Tout citoyen ayant de 5.000 à 10.000 sols paiera 5 sols.

(1) *E. Albe.* Notes communiquées.

Tout citoyen ayant de 1.000 à 5.000 sols paiera 3 sols.

Tout citoyen ayant moins de 1.000 sols ne paiera qu'un sol ou 12 deniers.

La fortune de chaque citoyen sera évaluée par l'intéressé lui-même qui devra en faire la déclaration garantie exacte sous la foi du serment; en cas de contestation, on devra se soumettre à l'estimation des consuls et des conseillers.

La caisse du consulat aura quatre clefs : deux de ces clefs seront gardées par les consuls, les deux autres par les citoyens ayant 5.000 sols de fortune ou au-dessous.

Les consuls devront rendre leurs comptes, chaque année, après leur sortie de charge.

Le texte des coutumes sera lu deux fois par an en assemblée plénière; il est rappelé qu'il devra être observé loyalement et entièrement.

En outre, il est recommandé aux consuls d'accueillir aimablement et de bien conseiller les gens du peuple qui iront les consulter (1).

Lutte des consuls contre le clergé. — Tandis que les consuls luttaient contre les seigneurs et le peuple, ils cherchaient en même temps à restreindre la puissance du *clergé* désireux d'accroître ses revenus par l'augmentation de l'impôt ecclésiastique, de la dîme qui frappait les Gourdonnais.

C'est ainsi qu'en 1270 les consuls interviennent dans une transaction entre le prieur du Vigan (2) et le rec-

(1) *Archives de Gourdon.* CC41 136; voir aussi GG42 115, 143, 174; CC42; FF7 405, 162.

(2) L'église de Gourdon relevait de l'abbaye du Vigan; d'ordinaire le recteur de Gourdon était un religieux ou chanoine de cette abbaye, qui faisait faire le service par des vicaires et ne venait à Gourdon que pour les grandes circonstances (*E. Albe*, Notes communiquées).

teur ou curé de Gourdon d'une part, et les habitants de la ville d'autre part.

Il s'agissait de la dîme de la vendange; après intervention des consuls, il fut décidé dans un compromis de juillet 1270 que les habitants ne devraient pas payer plus d'un seizième du produit de la récolte de leurs vignes (1).

Quelques années plus tard, la communauté de Gourdon s'unissait à celles de Cahors, Figeac, Montauban, Moissac, Roc-Amadour, Lauzerte, etc., où la monnaie de l'évêque de Cahors, Raymond de Cornil, avait cours pour contester à celui-ci le droit qu'il prétendait avoir, lorsqu'il mettait en circulation de nouvelles monnaies, de déclarer que les anciennes n'avaient plus de valeur.

Le procès fut porté devant le Parlement. Les procureurs des communautés en litige, tout en reconnaissant à chaque nouvel évêque le droit, à son avènement, de frapper des pièces nouvelles, soutenaient que l'ancienne monnaie devait avoir cours concurremment avec celles-ci.

Le Parlement demanda aux procureurs les preuves qu'ils apportaient à l'appui de leur thèse : ils répondirent en invoquant d'antiques usages. La cour souveraine ne trouva pas cet argument suffisant et, déclarant mal fondé leur prétention, donna gain de cause à l'évêque de Cahors (mai 1281) (2).

En 1288, les consuls, après avoir plaidé devant l'officialité diocésaine contre le recteur de Gourdon, passaient avec lui un accord au sujet des taxes que l'église de Saint-Pierre devait percevoir sur les mariages et les

---

(1) *Archives de Gourdon*. II5.

(2) *Chanoine E. Alb[illegible]*. Inventaire des archives municipales de Cahors (1re partie, p. 107).

Olim (édition Beugnot). tome II, p. 186, nos XLV, XLVI.

enterrements pour le casuel du curé.

Ces taxes sont calculées d'après la fortune des personnes : c'est ainsi qu'il y avait trois classes de mariages; en cas de contestation sur le chiffre de la fortune du paroissien les consuls et le curé désignaient deux arbitres, chacun d'eux représentant l'une des parties; ils étaient chargés d'estimer la fortune du défunt ou celle du futur époux (1).

RELATIONS DE GOURDON ET DU ROI AU TREIZIÈME SIÈCLE. — Jusqu'ici, il n'a pas encore été question des relations de la communauté de Gourdon avec la royauté.

Avant que les seigneurs de Gourdon aient fait hommage de la ville au roi de France, celui-ci ne pouvait s'immiscer dans les affaires communales qu'en cas d'appel à la justice royale.

Mais, à partir du moment où ils hommagèrent définitivement à la royauté, celle-ci put intervenir directement, toutes les fois que l'occasion lui en était offerte, par l'entremise de son sénéchal ou du bayle royal représentant celui-ci dans la ville (2).

LA JUSTICE ROYALE. — Le plus ancien renseignement que nous possédions sur les relations de Gourdon avec les officiers du roi est une mention relative à une incursion dont les consuls et les habitants s'étaient rendus coupables sur les terres du *Repaire du Comtor :* ils avaient commis de grands dégâts et avaient même assassiné des personnes (3).

Quel est ce Repaire du Comtor? Le document qui nous en parle ne nous le dit pas. Peut-être, comme l'a fait remarquer M. le chanoine Albe (4), ce Repaire

(1) *Archives de Gourdon.* BB18. Voir le texte dans le Bulletin de la Société des Etudes du Lot, tome VI, année 1880, p. 183.
(2) *E. Albe.* Notes communiquées.
(3) *Archives de Gourdon.* CC44,171.
(4) *E. Albe.* Notes communiquées.

du Comtor est-il le *château du Repaire*, situé dans la commune de Léobard, non loin de Gourdon. Quoi qu'il en soit, nous voyons que, sur la plainte des intéressés, les agents du roi condamnèrent les consuls et la communauté pour les dégâts causés, indépendamment de la grave question des meurtres de personnes, à une amende de 100 livres tournois.

La justice royale intervint de nouveau à Gourdon dans un différent qui s'était élevé entre l'abbé d'Obasine et les habitants de la ville, qui allaient couper du bois dans la forêt de la Dame entre Payrac et Calès malgré la défense formelle qui leur en avait été faite par le roi lui-même. Le sénéchal du Quercy, Guy Cabrier (ou Caprarii) dut évoquer le procès à son tribunal au nom de l'autorité royale. L'affaire se termina par un arbitrage qui décida que les Gourdonnais pourraient, pendant deux ans encore, couper du bois de chauffage dans la forêt de la Dame à la condition de payer, pour chaque charge ou charretée de bois, la taxe que les habitants de Roc-Amadour payaient eux-mêmes (1).

En 1299, nouvelle intervention de la justice du roi au sujet d'un abus de juridiction commis par les consuls. Ils avaient arrêté et condamné au supplice du fouet une femme accusée d'avoir volé du blé sur le *chemin royal*, en dehors de Gourdon.

Le délit ayant été commis sur le chemin royal, il relevait non des viguiers et des consuls, mais du *bayle*. Le procureur du roi, Foulc de Soyris, intervint. Le sénéchal Géraud Flotte chargea le jurisconsulte Guillaume de Castanet de faire une enquête sur les cir-

(1) *Archives de Gourdon.* FF47.
E. Albe. Notes communiquées.

constances du procès. Cette enquête démontra l'abus de juridiction de la part des consuls; aux assises, ceux-ci eurent cependant gain de cause et le sénéchal leur pardonna leur erreur (1).

Durant la même année 1299, huit anciens consuls de Gourdon furent accusés par certains habitants de n'avoir pas rendu leurs comptes à leur sortie de charge et d'avoir mal géré les intérêts de la communauté. Le sénéchal prit en main l'affaire; le différend fut soumis à l'arbitrage des quatre consuls en exercice. Une enquête fut faite par le célèbre jurisconsulte *Géraud de Sabanac*, docteur ès lois. Nous ne savons pas exactement comment l'affaire se termina. L'enquête de Géraud de Sabanac semble avoir abouti à un non-lieu prononcé par les consuls en exercice pris pour arbitres (2).

Conflits de juridiction. — Au cours de la seconde partie du treizième siècle, des conflits de juridiction s'étaient produits au sujet de la justice royale.

Pons II de Gourdon-Gourdon, le fils de Fortanier II, avait accepté, nous l'avons vu, les conséquences du traité de Paris de 1259 et avait renoncé, par suite, à la suzeraineté du roi de France pour reconnaître celle du roi d'Angleterre.

Dès lors, il semblait que la justice royale française n'eût plus à s'occuper des affaires de la communauté de Gourdon relevant désormais de la juridiction anglaise.

Cependant le roi de France laissait son bayle à Gourdon. Ce fut là une source de conflits.

Nous en citerons un d'intéressant.

(1) *Archives de Gourdon.* FF[7]
(2) *Archives de Gourdon.* BB[20]

Lors du soulèvement populaire de 1288, les *minores*, nous l'avons dit, avaient formé une sorte de confédération contre la bourgeoisie.

Le sénéchal du roi de France, considérant que cette association troublait l'ordre et la paix, résolut de la dissoudre. Dans ce but, il évoqua l'affaire à son tribunal.

Le procureur du roi d'Angleterre s'opposa énergiquement à ce geste du sénéchal, soutenant que Gourdon étant placé sous la suzeraineté de son maître, c'était devant la justice de celui-ci que l'affaire devait être portée.

Le sénéchal français invoquait pour défendre la prétention contraire, la raison suivante : le roi de France, faisait-il observer, restait suzerain en matière de paix et de guerre; or, cette confédération des *populares* de Gourdon contre la bourgeoisie de la ville constituait un fait de guerre puisqu'elle troublait la paix.

Il en concluait que l'affaire relevait de la juridiction royale française. Il faisait remarquer, en outre, que Gisbert de Thémines possédait une partie importante de la seigneurie pour laquelle (comme il le reconnaissait lui-même), il n'hommageait pas au roi d'Angleterre mais au roi de France. Ainsi la seigneurie de Gourdon relevait encore, pour une grosse part, de ce dernier.

La difficulté fut soumise au Parlement qui donna raison au sénéchal français (1).

La monnaie royale et l'impôt royal. — Vers 1295, le roi Philippe le Bel, s'occupant de refondre les *monnaies* du royaume, adressait une proclamation à la

(1) *Albe*. Notes communiquées; — *Olim* (édition Beugnot, tome I, p. 864).

population gourdonnaise, comme aussi à celles de beaucoup d'autres villes du Quercy. Il ordonnait aux particuliers de porter aux trésoriers royaux le tiers des objets d'or ou d'argent qu'ils pouvaient posséder pour les convertir en monnaie, moyennant un prix qui serait donné en échange (1).

Gourdon était obligé de fournir des *subsides au roi.*

Le premier document, qui nous révèle l'existence de l'impôt royal à Gourdon, est une quittance d'une somme de 600 livres délivrée aux consuls Géraud Flotte et Raymond Faurelle, par le trésorier-collecteur du roi Henri Gorsette (1294).

Les consuls avaient promis de payer cette somme aux agents royaux; c'est pourquoi le lieutenant du sénéchal, le célèbre jurisconsulte Géraud de Sabanac leur écrivit, le dimanche avant la Saint-Jean-Baptiste 1294, pour leur demander de s'acquitter de leur promesse dans le mois suivant. Les consuls s'exécutèrent le jour de l'Assomption de la même année (2).

L'année suivante, 1295, la ville promit une nouvelle somme de 600 livres au roi Philippe le Bel en guerre avec l'Angleterre (3).

En 1297, Foulc de Soyris, substitut du procureur en la sénéchaussée, demandait aux Gourdonnais de fournir au roi de nouveaux subsides; cette fois ce sont des redevances en nature qui sont réclamées : 50 setiers de froment, autant de seigle et autant d'avoine (4).

Nous sommes ainsi arrivés à la fin du treizième siècle : à ce moment, la fortune des Gourdon-Gourdon

(1) *Archives de Gourdon* CC41, 435; — Voir le document inséré par *M. le Chanoine Albe* dans l'inventaire des archives municipales de Cahors (1re partie), p. 186 et suivantes.
(2) *Archives de Gourdon.* CC44157 et CC1395.
(3) *Archives de Gourdon.* CC41.
(4) *Archives de Gourdon.* EE658.

est gravement compromise et leur puissance s'affaiblit cependant que la situation du consulat et de la communauté s'améliore constamment : notre cité s'est déjà affranchie d'une partie des entraves dont les seigneurs l'avaient entourée et peut maintenant rivaliser en indépendance avec la plupart des autres localités du Quercy.

Au commencement du quatorzième siècle, la décadence de la branche directe de la maison de Gourdon va s'accentuer tandis que le pouvoir consulaire continuera de faire d'importants progrès. C'est donc sans solution de continuité que l'on passe d'un siècle à l'autre : l'évolution des deux forces sociales en lutte dans la cité, la seigneurie et la communauté, se poursuit, logique et lente, par l'affaiblissement de l'une et le développement de l'autre, et c'est seulement pour plus de commodité dans l'exposition que nous étudions les deux siècles en deux chapitres séparés : cette coupure ne correspond à rien de réel.

La Maison de Gourdon à la fin du XIIIe siècle

(d'après les travaux de M. LE CHANOINE ALBE)

BRANCHE DES GOURDON SAINT-CIRQ

se divise en deux autres branches avec les fils de Fortanier II

BRANCHE DES *GOURDON-GOURDON*

avec PONS II

celui-ci épouse, en 1258, Alamande de Turenne, accorde une charte aux Juifs, en 1267, reconnait la suzeraineté du roi d'Angleterre en 1264.

- FORTANIER III — avec lui commence la décadence des Gourdon-Gourdon ; il épouse en 1res noces Gatiènne de la Porcherie, en 1278, et en 2mes noces Fayts de Thémines, en 1294.
- PONS III — d'abord clerc, puis entre dans l'armée.
- GALHARD — prieur du Mt-St-Jean
- BERTRAND — templier de Cahors, puis Hospitalier de St-Jean.
- GUILLAUME — religieux d'Aurillac.
- MARGUERITE — épouse Bernard de Penne de la Guèpie.

Enfants de Fortanier III :

- BERTRAND, FORTANIER IV — qui succèdent à leur père
- ALAMANDE — mariée à Maffre de Salinhac
- GALHARD [?]

BRANCHE DES *GOURDON-St-CIRQ-CÈNEVIÈRES-LA-ROQUE*

avec HUGUES DE LA ROQUE

celui-ci est en procès, en 1278, avec son neveu Fortanier III ; il vit au château de Larroque-des-Arcs; c'est de là que lui vient son surnom « de la Roque ».

- FORTANIER DE LA ROQUE — prend part au litige entre son père et Fortanier III, en 1278.
- BERTRAND ou BERNARD — entre dans les ordres, chanoine de Rodez, vers 1326.
- BARRARE [?]

Génération suivante :

- BERTRAND — seigneur de la Roque et de St-Cirq, 1305.
- FORTANIER — chanoine
- GALHARDE
- HÉLÈNE

BRANCHE DES GOURDON CASTELNAU

RATIER II DE CASTELNAU ET SAUVETERRE

fils d'Aymeric II de Gourdon-Castelnau; reste seul maitre des biens paternels après la mort de son frère Pons III.

- AYMERIC III — hérite des possessions de la région gourdonnaise avec Peyrilles et Lavercantière ; fonde la *branche des Gourdon-Peyrille.*
- RATIER III — branche des Gourdon-Castelnau-Montratier

Enfants de Ratier III :

- RATIER IV
- HÉLÈNE et les Roquefeuil

Les Thémines à la fin du XIIIe siècle

(d'après les travaux de M. le Chanoine Albe)

Nouvelle famille entrée dans la seigneurie de Gourdon par le mariage de Gisbert II de Thémines avec Hélène de Gourdon-Salviac.

Elle succède, avec AYMERIC II DE MALEMORT, aux GOURDON-SALVIAC dans la seigneurie de Gourdon

Gisbert Ier de Thémines et Aigline, son épouse, les fondateurs de l'Hôpital-Beaulieu.

- GISBERT II DE THÉMINES — épouse Hélène de Gourdon-Salviac qui lui apporte, avec la Bouriane, une part de la seigneurie de Gourdon.
- GUILLAUME Ier
- DOUCE
- AIGLINE
- HÉLÈNE
- GÉRAUD Ier
- BARASCON

Enfants de Gisbert II :

- GISBERT III DE THÉMINES, GUILLAUME (DE GOURDON) — héritiers de leur père
- GISBERT — damoiseau
- FAYTS — mariée à Fortanier III en 1294.
- CÉCILE
- HÉLÈNE
- AIGLINE — prieure de l'Hôpital-Beaulieu
- BARRARE — épouse Pierre de Gontaut

CHAPITRE V.

La Ruine de la branche directe de la Maison de Gourdon et ses conséquences.

Nouveaux Progrès du Consulat.

(Première moitié du XIVe siècle)

Loin de relever la fortune paternelle, les fils de Fortanier III, incapables de payer les dettes de leur père, vont la compromettre davantage, et l'appauvrissement de leur lignée ira s'accentuant, durant le premier tiers du quatorzième siècle, jusqu'à les conduire à la faillite et à la ruine.

C'est là un des faits essentiels de l'histoire Gourdonnaise au Moyen âge; il est gros de *conséquences :* la décadence des Gourdon-Gourdon servira les intérêts du *consulat* qui en profitera pour faire de nouveaux progrès, et elle permettra à la famille de *Thémines*, récemment entrée dans la seigneurie, d'y développer aisément sa puissance.

I. — La Ruine des Gourdon-Gourdon sous les fils de Fortanier III.

Fortanier III en mourant (vers 1302-3) avait laissé une fortune obérée de plusieurs milliers de livres de dettes à ses fils Bertrand et Fortanier IV, et ceux-ci se trouvaient dans l'impossibilité presque absolue de désintéresser les créanciers paternels.

Bertrand II de Gourdon; nouvelles difficultés financières. — Bertrand (nous l'appelons Bertrand II), le principal seigneur de Gourdon, avait épousé (1) une certaine Comtor dont nous ignorons l'origine, et qui lui donna plusieurs enfants : Fortanier V et Pons de Gourdon (?) qui lui succédèrent, et Olivier de Gourdon qui entra dans les ordres (2).

La leçon des déboires du père ne devait guère servir aux fils. Bertrand et Fortanier IV, en effet, au lieu de s'efforcer de relever le patrimoine de la famille, allaient continuer de le diminuer par des aliénations successives, en recourant aux expédients qui avaient perdu Fortanier III et au dangereux procédé de celui-ci qui consistait pour combler un vide à en creuser un autre, pour solder une dette à émettre un emprunt ou à vendre un domaine.

Dès 1303, Bertrand, encore damoiseau, empruntait 2.000 livres à Raoul de Castelnau de Berbiguière, en vue de racheter Labastide que Fortanier III, débiteur insolvable, avait abandonné à son créancier le banquier de Cahors, Jacques de Jean (3).

En 1309, pour se procurer de l'argent, Bertrand cédait aux consuls et aux habitants de Gourdon, moyennant une assez forte somme, les droits de leude, péage et autres servitudes qu'il possédait sur la ville (4). C'était là tarir pour lui une source de revenus et diminuer considérablement sa puissance. Nous

(1) Saume de l'Isle f. 1213. — *E. Albe.* — Notes communiquées. Saume de l'Isle f. 1181. *E. Albe.* Notes communiquées.
(2) *E. Albe.* Notes communiquées.
(3) Olim (édit. Beugnot), tome III, 1re p. p. 107; — *E. Albe.* Notes communiquées.
(4) Archives de Gourdon CC40.

reparlerons de cet acte, à cause de son importance, dans la seconde partie du présent chapitre.

Aliénation de Labastide et de Frayssinet. — Mais ces mesures ne réussissaient pas à assainir les finances du seigneur de Gourdon.

Quelques années seulement après la mort de Fortanier III, vers 1311, Bertrand se trouvait, en effet, en présence d'au moins douze mille livres de dettes qui n'allaient pas tarder à le conduire à la ruine.

Désireux cependant de remédier au plus vite à une pareille situation, et d'éviter autant que possible les poursuites des créanciers, Bertrand consulta le célèbre jurisconsulte Quercynois Géraud de Sabanac.

Bien que la vente des droits qu'il possédait sur la seigneurie de Gourdon eût pu suffire à couvrir les dettes, Bertrand ne pouvait se résoudre à une semblable opération : c'eût été là une honte ineffaçable pour lui et sa race.

Géraud de Sabanac lui conseilla alors d'aliéner Labastide et ses dépendances ainsi que la villa de Frayssinet. Bertrand y consentit et la vente de ces localités fut mise aux enchères.

Elles furent adjugées au comte Bernard de l'Isle-Jourdain, membre d'une des familles les plus importantes de l'Albigeois, comme au plus offrant. Le château de Sadroc, en Limousin, fut également vendu. Le tout pour 11.000 livres (1).

La vente était irrévocable. Toutefois, à la demande de quelques amis du seigneur de Gourdon, Bernard de l'Isle accorda au vendeur une faculté de rachat (4 juin 1312) : il fut stipulé qu'un délai de quatre

(1) Saume de l'Isle, f. 1203.
E. Albe. — Notes communiquées.

ans (à dater du 24 juin 1312) était donné à Bertrand pour user de cette faculté.

La situation s'aggrave. — Cette vente ne devait pas rétablir l'équilibre de la fortune chancelante des Gourdon-Gourdon. En juin 1312, Bernard Jourdain payait bien une somme de 3.000 livres aux créanciers de Bertrand (1), le seigneur Gourdonnais ne relevait pas pour cela ses finances; il continuait de s'endetter; pour avoir repris, avant l'expiration du délai fixé dans l'obligation, le gage donné par lui en garantie, il se voyait condamné à verser 500 livres aux fils de son créancier de 1303, Raoul de Castelnau de Berbiguière (2).

Cependant Bertrand ne remboursait pas le seigneur de l'Isle pour les localités qu'il lui avait vendues et le jour approchait (24 juin 1316) où allait finir le temps accordé à Bertrand pour le rachat. Le délai expira sans que le seigneur de Gourdon ait rien racheté et Bernard de l'Isle-Jourdain resta en possession définitive des domaines dont il avait fait l'acquisition sous condition.

La débacle et la ruine. — De plus en plus insolvable, Bertrand était harcelé par ses créanciers parmi lesquels Arnaud de Cadafalc, Arnaud de Cazèles et Bernard de Campastier (3). A bout de ressources, à bout d'expédients, le descendant de l'illustre famille se résigna au grand sacrifice qu'il s'était efforcé d'éviter jusqu'ici.

Il s'entendit avec son frère Fortanier IV, et tous

(1) Saume de l'Isle, f. 1227.
E. Albe. — Notes communiquées.
(2) Saume de l'Isle, f. 1205.
E. Albe. — Notes communiquées.
(3) Saume de l'Isle, f. 1224, 1230, 1232. — *E. Albe.* — Notes communiquées.

deux, le 31 mars 1316, vendirent au seigneur de l'Isle-Jourdain, leur créancier pour la somme de 11.000 livres, tous les droits qu'ils possédaient sur la baronnie et le château de Gourdon avec la juridiction haute et basse; si, après estimation, la valeur de ces biens était supérieure au chiffre de leur dette, Bernard de l'Isle leur restituerait tout ce qui dépasserait ce chiffre; si, au contraire, cette valeur était inférieure au montant de la créance, les seigneurs de Gourdon devraient eux-mêmes compléter ce qui manquerait jusqu'à parfait paiement.

Les trois chevaliers, Arnaud de l'Isle, Bernard d'Astarac et Guillaume de Domme, furent chargés de faire l'estimation de la valeur des droits de Bertrand et de Fortanier. En attendant que tout fut réglé, les deux débiteurs gardaient la terre de Gourdon comme la tenant en fief du seigneur de l'Isle-Jourdain (1).

L'année suivante, le 7 février 1317 (1318, nouveau style), Bertrand de Gourdon livrait même à Bernard Jourdain la part qu'il possédait sur les lieux de Saint-Cyr-Bel-Arbre, Saint-Chamarand, Vaillac, Lunegarde, Baussac, Belhaguet, Sénaillac, Rataboul (près Gourdon), Lentilhac, Lauzès, La Mothe-Cassel, Puycalvel, les droits qui lui appartenaient sur certaines localités du Périgord, enfin tous les droits qui lui restaient dans la ville et la baronnie de Gourdon.

En échange, il recevait du seigneur de l'Isle le château des *Acutis*, dans la sénéchaussée de Toulouse, et ses appartenances.

Cet échange devait être approuvé par tous ceux qu'il intéressait, notamment la femme de Bertrand,

(1) Saume de l'Isle, f. 1185.
E. Albe. — Notes communiquées.

Comtor, et son fils Fortanier V, qui avait été émancipé en 1315 (1).

Cet acte achevait de consommer la ruine des Gourdon-Gourdon. C'en était fait de leur puissance. La noble lignée, branche principale d'une des premières familles du Quercy, ayant dominé pendant de longs siècles sur notre ville et une vaste étendue de pays, se voyait aujourd'hui frappée de déchéance et honteusement acculée à la faillite par suite du désordre et de l'imprévoyance de ses fils.

Toutefois, elle ne devait pas pour cela disparaître complètement de la localité. C'est ainsi que le frère de Bertrand, Fortanier IV conservait (2) ou rachetait certains droits sur Gourdon puisqu'en 1330 il était coseigneur de la ville et, à ce titre, octroyait une foire aux Gourdonnais (3).

D'ailleurs Pons de Gourdon, très probablement fils de Bertrand (4), devait même relever un moment le prestige de sa famille, avant de la laisser tomber en quenouille, en rentrant en possession de tout ou partie de ce que son père avait cédé au comte de l'Isle-Jourdain. Nous reparlerons de lui au chapitre suivant.

Conséquences. — La ruine de la branche directe de

(1) Saume de l'Isle, f. 1181.
E. Albe. — Notes communiquées.
Bernard de l'Isle Jourdain avait nommé, pour gouverner les possessions acquises, un sénéchal (sorte de juge général) nommé Fortanier de Marignac.
Saume de l'Isle, f. 1241, 1191.
Puisque Bertrand cédait, en 1317, *les droits qui lui restaient sur Gourdon*, il faut supposer que l'estimation prévue par l'acte du 31 mars 1316, avait démontré que la valeur des biens des fils de Fortanier III dépassait le chiffre de leur dette, et que l'excédent avait été restitué à Bertrand et à son frère.

(2) S'il conservait quelque chose, c'était une partie de l'excédent du chiffre de sa dette. L'acte de mars 1316 prévoyait, en effet, que tout ce qui dépasserait, après évaluation, le chiffre de la dette des fils de Fortanier III, leur serait restitué.

(3) Archives de Gourdon. AA1.

(4) *E. Albe.* — Notes communiquées.

la maison de Gourdon allait entraîner, avons-nous dit, pour notre ville d'importantes *conséquences* : outre l'établissement dans la seigneurie (mais, comme nous le verrons, pour peu de temps seulement) d'un nouveau maître, le comte de l'Isle-Jourdain, elle devait faciliter de nouveaux progrès pour les consuls et la Communauté, et permettre à la famille de Thémines de devenir toute puissante à Gourdon.

Dans ce chapitre, nous allons traiter des progrès du Consulat, réservant au chapitre suivant l'étude de la puissance des Thémines. Mais, avant de développer ces conséquences, il convient de parler brièvement des *autres coseigneurs de Gourdon* durant la première moitié du quatorzième siècle, qui demeuraient pour la plupart loin de la ville, car leur *éloignement* est justement une cause qui favorisa, comme la décadence de la branche directe des Gourdon, l'extension des pouvoirs du Consulat et l'ascension des Thémines.

Les autres coseigneurs de Gourdon : Les Gourdon Saint-Cirq-Cénevières. — Nous connaissons Fortanier de la Roque, coseigneur de Gourdon; il eut plusieurs enfants, parmi lesquels : Bertrand II, seigneur de la Roque, Fortanier II qui fut d'église, et deux filles Gailharde et Hélène (1).

C'est Bertrand qui, au commencement du quatorzième siècle, représentait la branche des Gourdon Saint-Cirq-Cénevières dans notre ville. Il résidait soit à Limogne, soit à Saint-Jean-de-Laur ou à la Roque-des-Arcs. Il eut, entre autres enfants : Fortanier III qui continua la famille; Bertrand III, seigneur de Cornus; Marquèse qui épousa Espan de Ginet; et Anne,

(1) *E. Albe.* — Notes communiquées.
E. Albe. — Autour de Jean XXII, p. 266.

mariée à Guillaume de Cardaillac-Varaire (1).

Fortanier épousa Aigline de la Béraudie et recueillit avec les possessions de Saint-Cirq et de Saint-Jean-de-Laur, la part de la seigneurie de Gourdon qu'avait son père. Il fut enseveli, en 1347, dans l'église des Dominicains de Cahors, laissant pour fils Jean Ier et Fortanier IV. Jean Ier hérita de son oncle Bertrand III, en 1347; nous reparlerons de lui au chapitre suivant (2).

Les Gourdon-Peyrille. — Avec les fils de Ratier II, la branche des Gourdon-Castelnau s'était divisée, nous l'avons vu, en deux autres branches : les Castelnau-Montratier avec Ratier III, et les *Gourdon-Peyrille* avec Aymeric III.

La première n'intéresse plus directement Gourdon; elle n'allait pas tarder, d'ailleurs, à s'éteindre.

Aymeric III, chef de la seconde, avait eu, dans le partage des biens paternels, les possessions de la région gourdonnaise dont Peyrille et Lavercantière. Etant encore simple damoiseau, il hommageait au chapitre de Cahors pour ses domaines (3). En 1302, il prit part à l'expédition de Flandre avec son frère Ratier III. Celui-ci fut tué à la bataille de Mons-en-Puelle (1304) et confia à Aymeric la tutelle de ses enfants, tutelle que celui-ci ne semble pas avoir exercée très consciencieusement, ce qui lui valut des démêlés avec son pupille Ratier IV, devenu majeur, notamment au sujet du château de la Bouffie, démêlés dans lesquels le pape Jean XXII et le roi lui-même durent inter-

(1) *E. Albe.* Notes communiquées.
(2) *E. Albe.* — Notes communiquées; — Obituaire n°s 41 et 23.
(3) *Lacoste.* — Hist. du Quercy, tome II, p. 410.

venir (1).

Aymeric III avait épousé Marquèse de Montaut. Il mourut laissant deux fils : Pons qui lui succéda, Aymeric qui fut l'église, et (d'après Lacoste) une fille appelée Anne (2).

Pons de Gourdon-Peyrille intervint dans la lutte entre les consuls et Gisbert de Thémines (1339) dont il sera question dans la suite, et contribua à la défense de la ville et du château de Gourdon contre les Anglais (3). Il eut un fils, Aymeric V, qui lui succéda.

Autres coseigneurs. — Le reste de la seigneurie appartenait :

1° Aux *barons de Salviac*, les de Malemort, successeurs des Gourdon-Salviac, puis, à partir de 1310-16, les de Balène;

2° Aux *Thémines* de la Bouriane qui allaient profiter de la ruine des Gourdon-Gourdon pour devenir. à leur place, les principaux seigneurs de notre ville, et dont nous reparlerons au chapitre suivant.

II. — Nouveaux progrès du Consulat.

La décadence de la branche directe de la famille de Gourdon avait eu pour *conséquence*, dès la fin du treizième siècle au temps de Fortanier III, de favoriser les progrès du Consulat; en s'accentuant au qua-

(1) *E. Albe.* — Notes communiquées.
Archives du Lot, f. 429, 431.
(2) *E. Albe.* — Notes communiquées.
(3) Cabinet des titres Pièces originales, 1315, f. 16, f. 18.
Archives de Gourdon, BB2, f. 29 et 70; FF25 n° 197.
E. Albe. — Notes communiquées.

torzième, elle contribua plus que jamais à les faciliter.

Le rachat des droits seigneuriaux; impôt extraordinaire. — Les fils de Fortanier III allaient faire, en effet, le beau jeu des consuls désireux d'augmenter, avec leurs attributions, leur indépendance et celle de la Communauté.

En 1309, Bertrand de Gourdon, aux prises avec les difficultés financières que nous connaissons, proposait aux consuls la cession d'une notable partie des droits qu'il possédait sur la ville, moyennant une assez forte somme.

Les représentants de la cité devant une proposition aussi avantageuse mais en même temps très onéreuse pour leurs administrés, réunirent, à la fin d'août 1309, tous les habitants de la ville pour leur transmettre l'offre de Bertrand.

Le peuple, comprenant l'intérêt qu'il y avait à l'accepter, donna son adhésion et décida l'établissement d'un *impôt extraordinaire* de 14.000 sols petits tournois pour payer la somme exigée par le seigneur de Gourdon; les contribuables devaient être taxés au prorata de la taille (31 août, 3 et 4 septembre).

Bertrand allait pouvoir ainsi se procurer quelques fonds; mais pour qu'il lui fût possible d'effectuer la cession proposée aux consuls, il lui fallait obtenir l'autorisation de son oncle, Galhard de Gourdon à qui il avait promis de n'aliéner aucun des biens de l'héritage paternel sans sa permission. Devant le pressant besoin d'argent où se trouvait son neveu, Galhard ne fit pas de difficultés et donna son consentement, dès le 4 septembre.

L'accord fut conclu (1); en vertu de cette cession, les consuls et les habitants de Gourdon étaient déclarés affranchis, vis-à-vis de Bertrand, de tout péage, leude, et autre droit à payer sur toute l'étendue de la baronnie Gourdonnaise comme à Lunegarde, Labastide, Frayssinet, Pont de Rodes; il n'était fait qu'une exception : elle concernait les habitants de Péruzel (?) qui devraient fournir en nature la leude du pain.

Conséquence de la mauvaise répartition de l'impôt extraordinaire. — Afin de s'acquitter de la somme due à Bertrand, il fallut lever la taxe extraordinaire que le peuple avait acceptée dans sa délibération de la fin d'août. La répartition de cet impôt souleva de nombreuses récriminations de la part de ceux qu'il grevait le plus lourdement et fut le signal d'un *nouveau conflit* entre le consulat et la plèbe. Cette répartition devait être faite au *prorata* de la taille et, par conséquent, conformément aux prescriptions de l'accord de 1288; mais dans la levée de la taille, les consuls ne respectaient pas habituellement les dispositions de cet accord.

Le peuple mécontent réclamait énergiquement, aussi bien pour la taille que pour l'impôt extraordinaire, l'application de la convention de 1288. Le différend fut porté devant le sénéchal du Quercy, Jean de Arreblay; celui-ci (le 13 décembre 1310) donna gain de cause au peuple et prescrivit aux consuls de respecter tous les articles de l'accord de 1288, notamment ceux relatifs à la levée des taxes et à la garde des quatre chefs de la caisse communale (2).

Conflits relatifs aux élections et a l'administra-

(1) Archives de Gourdon CC 40; II5 f. 49.
(2) Archives de Gourdon BB20110.

TION CONSULAIRE. — Les difficultés entre les consuls et le *popolar*, après quelques années d'accalmie, renaquirent en 1327. Cette fois, il ne s'agissait plus de la taille, mais des élections consulaires. Le conflit se termina par un compromis entre les parties, qui maintenait les dispositions des actes de 1288 et de 1310 et réformait certaines règles de l'administration communale. Les Consuls promirent formellement d'observer la transaction de 1288. Le peuple reconnut les droits des Consuls (1). Ceux-ci, se conformant aux prescriptions du nouveau compromis, tinrent, à partir de cette époque, des *registres* où ils dressaient les comptes de la commune et mentionnaient tous leurs actes d'administration et de gestion. Ces registres, qui subsistent en partie dans les archives municipales, sont du plus haut intérêt, car ils permettent de suivre, en quelque sorte de jour en jour, l'histoire de la ville de Gourdon.

En 1330, un nouveau conflit s'éleva au sujet des élections; Pierre d'Engolême adressa, de la part de Guillaume d'Engolême de Loumenet, une protestation aux consuls déclarant leur élection illégale. Ceux-ci répondirent qu'ils avaient été régulièrement nommés par les consuls sortants, et l'appel de Pierre d'Engolême fut rejeté (2).

ACQUISITIONS CONSULAIRES : LE DROIT DE SIRVENTAGE; LA VIGUERIE ET LA LEYDE. — Après le pas décisif vers l'acquisition du droit de justice, que l'accord de 1286 avec les viguiers, avait fait faire aux consuls, ceux-ci ne s'en étaient pas tenus là, et avaient continué de lutter pour augmenter leurs attributions, et parti-

(1) *Archives de Gourdon.* BB20, n° 96, II. f. 11.
(2) *Archives de Gourdon.* FF6, 122.

culièrement leur pouvoir de juridiction.

C'est ainsi qu'en 1315, ils obtenaient de la faiblesse de Bertrand de Gourdon la renonciation en leur faveur au *droit de sirventage*, c'est-à-dire à la faculté qu'avait le seigneur de nommer chaque annéee un ou deux *sirvens* ou sergents pour exercer la justice et surveiller les consuls. On comprend la satisfaction de ceux-ci qui voyaient disparaître ainsi un fonctionnaire seigneurial plutôt gênant pour eux (1).

La même année, profitant des embarras pécuniaires des fils de Fortanier III, ils achetaient à Bertrand, heureux de se procurer un peu d'argent, sa part de la viguerie et le droit de lever une somme de 21 deniers pour chaque plainte (*clam*) adressée aux consuls et aux viguiers (2).

Toujours en 1315, ils acquéraient de divers propriétaires plusieurs autres parts de la viguerie et droits sur celle-ci, notamment de Gisbert et Géraud d'Engolême, le premier, seigneur de Gauléjac, le second de la Fontade (3).

En 1318, c'était Pétrone, femme de Bernard de Quercy, qui consentait à leur vendre ses droits sur la leyde (4).

NOUVELLES DIFFICULTÉS ENTRE LES CONSULS ET LES VIGUIERS. — La bonne entente que l'accord de 1286 avait fait naître entre les viguiers et les consuls en admettant définitivement ces derniers à la viguerie, ne devait pas toujours durer.

Dès les premières années du quatorzième siècle, des difficultés nouvelles s'élevèrent : les viguiers n'obser-

(1) *Archives de Gourdon*, DD2 109; BB20.
(2) *Archives de Gourdon*, DD2 et BB20.
(3) *Archives de Gourdon*, DD5 et DD2.
(4) *Archives de Gourdon*, DD5, 32; DD2, 105.

vaient pas les dispositions de la transaction de 1286 et se refusaient à partager leurs droits avec les consuls; ceux-ci prétendaient user des pouvoirs dont ils avaient fait l'acquisition.

L'affaire fut portée devant le tribunal du roi. L'exercice de la justice étant paralysé par l'existence du litige entre ceux qui devaient la rendre, le fonctionnement des tribunaux de premier ressort fut provisoirement assuré par les officiers royaux : en 1312, c'est Hugues de Creansa qui juge en première instance au nom du roi; les années suivantes, c'est le célèbre jurisconsulte Géraud de Sabanac. Ce dernier s'efforça d'amener les viguiers et les consuls à se mettre d'accord. Il défendit aux premiers d'empêcher les seconds d'exercer des droits dont ils avaient acquis la propriété et leur prescrivit, au nom du roi, de cesser leur querelle.

L'entente finit par s'établir, en 1318 (1). Elle fut scellée par un accord qui marque une nouvelle étape dans le développement des pouvoirs judiciaires du Consulat.

Il fut décidé que désormais la viguerie serait administrée par deux citoyens honnêtes dont l'un désigné par les consuls, l'autre par les viguiers.

Ces fonctionnaires de la viguerie seront nommés tous les ans le lendemain de l'élection des consuls; mais ils pourront cependant rester en charge plus d'un an si telle est la volonté commune des consuls et des viguiers.

Ils percevront les revenus provenant de l'exercice de

(1) *Archives de Gourdon*, FF11. f. 177; FF25, 360; FF11. f. 60; FF49, 12; BB20.
E. Albe. — Notes communiquées.

la justice; ces revenus seront divisés par moitié entre les consuls et les viguiers.

La transaction comporte aussi un intéressant règlement sur la procédure civile de l'époque (1).

Durant les années qui suivirent, les consuls continuèrent leurs acquisitions du droit de justice et des droits qui résultaient de son exercice; ils les poursuivront, comme nous le verrons, durant tout le quatorzième siècle et jusqu'au jour où la viguerie tout entière sera passée entre leurs mains.

Relations de la Communauté et du Roi. — Durant la première moitié du quatorzième siècle, l'intervention royale dans les affaires de la communauté de Gourdon se fait sentir plus fréquemment qu'au siècle précédent soit pour répondre aux appels qui lui sont adressés, soit pour demander des subsides et lever des impôts, soit enfin pour trancher certaines difficultés par l'intermédiaire de ses officiers.

Etats Généraux de 1309. — En 1309, le roi Philippe le Bel ayant convoqué les Etats Généraux, toutes les villes de France y envoyèrent leurs délégués : la communauté de Gourdon chargea de la représenter dans la grande assemblée le coseigneur de Payrac, Arnaud de Verneuil (2).

La justice royale. — La justice royale intervient fréquemment dans les appels. En 1313, les consuls adressent une plainte au sénéchal du Quercy contre le bayle royal qu'ils accusaient, étant originaire de

---

(1) *Archives de Gourdon.* BB20.

(2) *Archives du Lot.* F. 238.

E. Albe. — Notes communiquées.

Gourdon, de ne pas être d'une impartialité rigoureuse (1).

Nous avons vu quelle avait été l'intervention royale dans le différend entre les viguiers et les consuls; nous savons que les agents du roi avaient administré la viguerie pendant la durée du litige qui avait pris fin, sur l'ordre de l'officier royal, par l'accord de 1318. Nous ne reviendrons pas sur ces détails.

En 1320, eut lieu le passage des *Pastoureaux* (2) dans le Quercy; on appelait ainsi des bergers et autres paysans qui s'étaient donné pour mission d'aller délivrer la Terre Sainte du joug des Infidèles. Les nouveaux croisés marchaient en procession sous la bannière de la croix; ils se livraient en même temps au brigandage et massacraient, en particulier, les Juifs quand ils en rencontraient. Ils traversèrent la région Gourdonnaise et passèrent à Gourdon où sans doute ils firent des recrues, car en juin 1321, le roi de France, usant d'indulgence, écrivait à ses commissaires de ne pas maltraiter les gens de Gourdon pour les infractions commises notamment à l'occasion des *pastoureaux*, mais de fermer les yeux sur leurs méfaits (3).

Cette même année 1321, le roi fut appelé à intervenir par l'intermédiaire de son sénéchal dans un conflit de juridiction qui s'éleva entre les consuls de Gourdon et ceux de Domme.

Les premiers prétendaient que le délit commis à Gourdon par un habitant de Domme relevait de leur tribunal.

Les seconds affirmaient, au contraire, qu'en vertu

---

(1) *Archives de Gourdon*, FF7.
(2) *Lacoste.* — Hist du Quercy, tome III, p. 16.
(3) *E. Albe.* — Notes communiquées.

d'un privilège spécial, ils avaient seuls le droit de juger les délits des habitants de Domme, en quelque lieu qu'ils fussent commis.

Le 22 octobre 1321, le roi chargeait son sénéchal de trancher le différent. Les parties finirent par se mettre d'accord (4 mai 1322) et il fut stipulé que le bayle de Domme pourrait poursuivre n'importe quel habitant de Gourdon passant un contrat à Domme ou ayant un domicile dans la baylie de Domme et le citer aux assises de Gourdon; réciproquement, le bayle de Gourdon aurait le même droit sur les habitants de Domme (1).

En 1324, les consuls de Gourdon font appel à la justice royale; ils se plaignent de la non observation de la convention de 1309, en vertu de laquelle Bertrand de Gourdon avait abandonné aux habitants tous les droits de leude, péage et autres servitudes qui les grevaient; c'est ainsi que les gens du seigneur ont perçu un péage sur des Gourdonnais qui allaient vendre du pain à Labastide.

Le sénéchal du Quercy reconnut le bien-fondé de la plainte des consuls et ordonna que restitution fût faite aux intéressés du montant du péage indûment perçu (2).

Vers 1333, les consuls qui depuis un certain temps étaient investis de l'administration de l'hôpital Saint-Siméon de Gourdon, virent cette nouvelle attribution leur être contestée; ils en appelèrent au sénéchal qui leur donna raison (3).

---

(1) *Archives de Gourdon*. FF25, 116.
(2) *Archives de Gourdon*, II5.
(3) *Archives de Gourdon*, II5

Telles sont quelques-unes des interventions de la justice du roi et de ses officiers dans les affaires de la communauté de Gourdon au cours de la première moitié du quatorzième siècle; il y en eut d'autres à la même époque, notamment au sujet des difficultés qui s'élevèrent entre les consuls et les seigneurs de Thémines; nous les étudierons au chapitre suivant.

L'IMPÔT ROYAL. — Au treizième siècle, nous l'avons vu, Gourdon payait des taxes à la Royauté; au quatorzième siècle, ces impôts sont plus nombreux.

Le *droit de franc-fief* qui frappait les Gourdonnais roturiers et acquéreurs de biens nobles, était une source de revenus pour le trésor royal. Seuls étaient exempts de ce droit, les roturiers qui pour acheter des biens nobles obtenaient une concession ou une dispense du roi, ou encore pouvaient justifier qu'ils étaient en possession du bien noble depuis un temps immémorial. Si celui qui devait payer le droit de franc-fief s'y refusait, le bien noble était confisqué (1).

Le roi de France percevait aussi à Gourdon des amendes sur les *contrats usuraires* (2).

Notre ville devait lui fournir des *subsides*. Cette obligation qui existait, nous le savons, dès le treizième siècle, se renouvela de plus en plus fréquemment au quatorzième, surtout à partir de la guerre de Cent Ans.

En 1341, les consuls bon gré mal gré doivent verser 200 livres (3).

---

(1) *E. Albe.* — Notes communiquées.
Archives de Gourdon, AA2 n° 8 bis.
Lacoste. Histoire du Quercy, tome III, p. 27.
(2) *E. Albe.* Notes communiquées; *Archives de Gourdon*, CC44, 209, 111.
(3) *Archives de Gourdon*, CC1. 356.

Vers 1344, un subside de quatre deniers par livre est imposé, malgré leurs réclamations, sur tous les objets vendus à Gourdon comme, du reste, dans toute la sénéchaussée; le produit de ce subside doit servir à la refonte de la monnaie (1).

En octobre 1347, le roi prescrit aux consuls d'établir, sur tous les habitants de la juridiction de Gourdon, un nouvel impôt dont le produit devra servir à améliorer les fortifications de la ville (2).

La première partie du quatorzième siècle a vu se poursuivre l'évolution commencée au siècle précédent : l'appauvrissement croissant des Gourdon-Gourdon aboutissant à leur ruine et, pour *conséquences* les progrès du consulat, au détriment des seigneurs et des viguiers, se compliquant parfois de conflits avec le peuple; en même temps, le développement de la puissance des Thémines qui se heurtent au pouvoir consulaire, et dont il faut maintenant parler : ce sera l'objet du chapitre suivant.

(1) *Archives de Gourdon*, CC1, 103.
(2) *Archives de Gourdon*. CC1, 188.

La Maison de Gourdon durant la 1re moitié du XIVe siècle

(d'après les travaux de M. le Chanoine Albe)

BRANCHE DES GOURDON SAINT-CIRQ

BRANCHE DES GOURDON-GOURDON

FORTANIER III
mort vers 1302-3

- **BERTRAND II** marié à Comtor; vend Labastide et Frayssinet; consomme la ruine de sa lignée en cédant ses droits sur Gourdon au seigneur de l'Isle-Jourdain, en 1310.
- **FORTANIER IV** consomme, avec son frère Bertrand, la ruine de sa lignee, en 1310.
- **ALAMANDE** mariée à Maffre de Salinhac.
- **GALHARD (?)** marié à Philippa.

Enfants de BERTRAND II :

- **FORTANIER V** émancipé en 1315; figure dans l'acte d'échange fait par Bertrand II avec le seigneur de l'Isle-Jourdain en 1318.
- **OLIVIER** d'église
- **PONS DE GOURDON-GOURDON** probablement fils de Bertrand II (filiation hypothétique) plutôt que de Fortanier V

BRANCHE DES GOURDON SAINT-CIRQ-CÉNEVIÈRES

BERTRAND II
fils de Fortanier Ier de la Roque ;
coseigneur de Gourdon, réside à Limogne où à Saint-Jean-de-Laur

- **FORTANIER III** continue la famille; coseigneur de Gourdon; réside dans ses possessions du Lot meurt vers 1347
- **BERTRAND III** seigneur de Cornus.
- **MARQUÈSE** épouse Espan de Ginet

Enfants de FORTANIER III :

- **JEAN Ier** hérite de son oncle Bertrand III; mort vers 1369.
- **FORTANIER IV** mort vers 1371; enterré à Saint-Jean-de-Laur

BRANCHE DES GOURDON-CASTELNAU

Elle s'est divisée en deux autres branches, à la fin du XIIIe siècle, avec les fils de Ratier II, Aymeric III (Gourdon-Peyrille) et Ratier III (Castelnau-Montratier).
Seule la branche des *Gourdon-Peyrille* intéresse encore l'histoire de Gourdon.

BRANCHE DES GOURDON-PEYRILLE

AYMERIC III,
fils de Ratier II, a obtenu dans le partage des biens paternels les possessions gourdonnaises dont Peyrille; prend part à l'expédition de Flandre en 1302; tuteur des enfants de son frère Ratier III; après la mort de celui-ci (1304) épousa Marquèsede Montaut.

- **PONS** qui succède à son père.
- **AYMERIC** qui fut d'église.
- **ANNE (?)** d'après Lacoste.

Fils de PONS :

- **AYMERIC IV**

CHAPITRE VI.

Puissance des Thémines et leur lutte contre les Cousuls. Le comte d'Armagnac, principal seigneur de Gourdon. La Communauté vers la fin du XIVe siècle.

(fin du XIVe siècle)

L'affaiblissement et la ruine de la branche directe de la Maison de Gourdon avait eu pour résultat de permettre aux Thémines de la Bouriane d'arriver à dominer dans notre ville.

Le comte de l'Isle-Jourdain et les autres coseigneurs résidant loin de la localité, les Thémines (1) se trouvaient être les principaux suzerains de Gourdon. Leur puissance affermie, ils ne devaient pas tarder à entrer en conflit avec la force rivale que nous connaissons bien, avec le Consulat cherchant sans cesse à tenir en échec l'autorité seigneuriale et à augmenter ses pouvoirs par des acquisitions et des empiètements.

La lutte des Thémines et des Consuls se terminera par la victoire de ces derniers, victoire bientôt suivie du triomphe puisqu'en 1383, la suzeraineté des Thémines ayant pris fin et le comte d'Armagnac les ayant remplacés à la tête de la seigneurie, les consuls seront admis au pariage de la juridiction avec leurs seigneurs.

(1) Nous ne faisons pas ici une histoire complète des Thémines; nous nous contentons de parler des personnages de cette famille dont la connaissance importe à l'histoire de Gourdon.

I. — Puissance des Thémines et leur lutte contre les consuls.

Le développement de la puissance des Thémines. — Nous connaissons *l'origine* de l'installation des Thémines à Gourdon : nous savons que, vers le milieu du treizième siècle, Gisbert II de Thémines, fils des fondateurs de l'Hôpital-Beaulieu, seigneurs directs ou médiats de Thémines, d'Espédaillac, de Caniac, de Quissac, etc. (dans le nord-est du Quercy), avait épousé Hélène de Gourdon-Salviac qui lui avait apporté en dot, avec la Bouriane, une petite partie de la seigneurie de Gourdon.

Gisbert II, nous l'avons vu, avait partagé sa fortune, vers 1284, entre ses deux fils : Gisbert III recueillant les biens paternels, et Guillaume (dit de Gourdon) héritant de ceux qui avaient constitué la dot de leur mère et, par conséquent, des droits de celle-ci sur Gourdon.

Guillaume mourut, vers 1318, sans avoir eu d'enfants de son épouse Galharde de Bagnac, et légua presque tous ses biens à Gisbert III qui ne devait pas survivre à son frère puisqu'il expirait en 1323 (1).

Gisbert III s'était marié deux fois : de sa première femme Bertrande de Cardaillac, il n'avait eu qu'une fille, Bertrande de Thémines (2); la seconde, Jeanne de Pons, qu'il laissait veuve, lui avait donné sept

(1) *E. Albe.* — Notes communiquées.

(2) *E. Albe.* Notes communiquées.

enfants (1); plusieurs d'entre eux intéressent l'histoire de Gourdon :

1° *Gisbert IV*, qui succéda à son père et dont nous reparlerons plus loin;

2° Géraud qui fut tonsuré, en 1340, dans l'église de Nozac, mais entra peu après dans l'armée et prit part aux guerres de Flandre et de Gascogne; il devait être tuteur des enfants de son frère Gisbert, après la mort de celui-ci (2);

3° Guillaume II qui fut d'église, possesseur de nombreux bénéfices, chanoine de Chartres et doyen de Mâcon (c'est sous ces deux noms qu'on le désigne souvent); après la mort de son frère Géraud, il le remplaça dans la tutelle des enfants de Gisbert IV (3);

4° Reginald ou Renaud qui entra lui aussi dans les ordres et fut chanoine de Périgueux en même temps que juriste éminent (4).

Au cours de leur existence, Gisbert II, puis Guillaume et Gisbert III n'avaient eu qu'une pensée : développer la puissance de leur lignée, augmenter la faible part qu'ils possédaient de la seigneurie de Gourdon. De là, les procès engagés par Gisbert II contre Fortanier II, puis contre Pons II pour faire préciser les limites de leurs domaines respectifs et arracher si possible des concessions à ceux-ci pour ceux-là (5).

Profitant de la faiblesse où étaient tombés les Gourdon et de leurs besoins d'argent, Gisbert II obtenait de Fortanier III, en 1294, d'être déchargé de l'hom-

(1) *E. Albe.* — Notes communiquées.
Lacoste. — Histoire du Quercy, tome III, p. 69.
(2) *E. Albe.* — Notes communiquées.
(3) *E. Albe.* — Autour de Jean XXII, p. 242.
(4) *E. Albe.* — Ibidem, p. 241.
(5) *Saume de l'Isle*, f. 1154, 1142.
E. Albe. — Notes communiquées.

mage qu'il lui devait (1).

Augmentant ainsi à Gourdon le prestige de sa race, Gisbert II mariait à la même époque sa fille Fayts à Fortanier III qui espérait en vain par ce mariage redorer son blason et relever sa fortune (2).

Les héritiers de Gisbert II continuèrent la politique paternelle et s'efforcèrent de tirer profit de la ruine des Gourdon-Gourdon. La décadence de cette branche de la grande famille Quercynoise jointe à l'éloignement des autres coseigneurs de notre ville, leur fournit un moyen facile de devenir les principaux suzerains de Gourdon.

Mais tandis que la maison de Thémines, voyant tourner à son avantage les malheurs des seigneurs de la ligne directe, grandissait ainsi, une autre puissance aux intérêts opposés aux siens, croissait à côté d'elle et aux dépens du pouvoir seigneurial, le *Consulat* dont nous avons vu les progrès durant la première partie du quatorzième siècle.

Ces deux forces contraires, se développant ensemble l'une au détriment de l'autre, devaient nécessairement à un moment donné se heurter et entrer en conflit; c'est effectivement ce qui arriva.

LUTTE DES THÉMINES ET DES CONSULS; SES DÉBUTS. — Le conflit éclata entre les Thémines et les consuls dès 1315, avec Guillaume de Thémines : la lutte s'engagea au sujet des droits respectifs des deux parties sur la juridiction de la ville et l'affaire fut portée devant le juge-mage (3) de la sénéchaussée, Bernard Gervais.

---

(1) *Ibidem.*
(2) *Saume de l'Isle*, f. 1208.
E. Albe. — Notes communiquées.
(3) Le *juge-mage* est un adjoint du sénéchal pour la justice : il juge à la place de celui-ci.

Les consuls soutenaient, contre les officiers des seigneurs de la Bouriane, Guillaume de Peyrelevade et Arnaud de Jean, qu'ils étaient seuls compétents pour connaître les affaires civiles et les délits, même ceux qui étaient commis dans le château de Gourdon dans n'importe quel hôtel que ce soit (1).

GISBERT IV DE THÉMINES; LA LUTTE DEVIENT PLUS AIGUË. — Le conflit allait devenir plus aigu avec Gisbert IV de Thémines, fils de Gisbert III.

Gisbert IV, comme la plupart des membres de sa famille, ne résidait pas au château de Gourdon mais habitait de préférence celui de Nadaillac (près Payrignac) dans la Bouriane (2). Il entra jeune encore au service du roi de France, en qualité de chevalier (1327), et devait mourir dans l'armée royale, en 1340, au siège de Tournai. Il se maria deux fois : sa seconde femme Almoys de Canillac, sœur du cardinal de Canillac, archevêque de Toulouse, lui donna plusieurs enfants (3), tous mineurs au moment de sa mort et dont il confia la tutelle à son frère le chevalier Géraud; citons :

1° Gisbert V qui succéda à son père et mourut sans postérité (4).

2° Reginald ou Renaud qui fut vicaire général de l'évêque de Cahors et dut ses dignités ecclésiastiques à la protection de son oncle, le cardinal de Canillac (5);

3° Guillaume III qui fut tout d'abord homme d'église (6), rentra dans le monde et épousa Marquèse

(1) *Archives de Gourdon.* FF7 n° 234

(2) *E. Albe.* Notes communiquées.

(3) *E. Albe.* Notes communiquées.

(4) *Ibidem.*

(5) *Ibidem.*

(6) *E. Albe.* — Autour de Jean XXII, p. 242.

du Fossat et, en secondes noces, Marquèse de Gourdon-Cénevières (1), veuve du seigneur de la Guépie, Armand de Penne. Il combattit vaillamment les Anglais et mourut sans enfants, en donnant ses biens à Marquès de Cardaillac, fils de Géraud de Cardaillac qui avait épousé Douce de Thémines, et petit-fils de Gisbert III et de sa première femme Bertrande de Cardaillac.

Gisbert IV engagea délibérément la lutte avec les consuls de Gourdon. D'accord avec sa mère Jeanne de Pons, il leur fit subir toutes sortes d'exactions empiétant à chaque instant sur les droits de juridiction qu'ils avaient pourtant défendu si âprement devant le juge-mage en 1315. Les consuls exaspérés adressèrent de nouveau une plainte au sénéchal du Quercy (2) et recoururent au procédé des représailles : ils infligèrent impitoyablement de fortes amendes à ceux qui, dépendant de leur juridiction, soumettaient leurs différends aux officiers de judicature des Thémines : c'est ainsi qu'en 1336, ils condamnaient à 10 livres d'amende Arnaud Lapèze qui avait traduit devant les assises des seigneurs de la Bouriane le notaire Me Jean de la Rivière (3); en 1337, ils prononçaient une amende de 25 livres contre Guillaume Durand qui avait fait citer Etienne de la Condamine devant les tribunaux des Thémines (4); et l'on pourrait multiplier les exemples.

Cependant le procès intenté aux Thémines par les consuls traînait en longueur; en 1339, il n'était pas encore terminé et il n'y avait pas de raison pour qu'il ne se prolongeât encore longtemps lorsqu'à la démarche de quelques amis communs les parties décidèrent

(1) *Lacoste.* — Histoire du Quercy, tome III, p. 179.
(2) *Archives de Gourdon.* FF5.
(3) *Archives de Gourdon.* FF23, 269.
(4) *Archives de Gourdon.* FF23, 249.

de trancher elles-mêmes leur différend par une transaction où elles se firent de mutuelles concessions.

L'ACCORD DE 1339. — La transaction déclare que toutes les anciennes querelles sont éteintes et que le désaccord et la haine qui divisaient les Thémines et les consuls de Gourdon sont remplacés par la concorde et la bienveillance.

Au sujet des droits respectifs des deux parties, l'acte (1) comporte les dispositions suivantes :

1° Le seigneur de Thémines, dans la ville ou la juridiction de Gourdon, ne pourra, pas plus que ses officiers, faire citer devant son tribunal, ni faire arrêter, soit au civil soit au criminel, aucun habitant de Gourdon ni même aucune personne ayant son domicile dans cette ville sans en avoir obtenu préalablement l'autorisation des consuls et viguiers. Une enquête a été faite au sujet d'un vol commis dans la *salle* du seigneur de la Bouriane, par son juge sans l'autorisation consulaire; cette enquête, en vertu de l'accord, sera déclarée nulle;

2° Le seigneur de Thémines ou ses officiers pourront citer devant eux les auteurs de délits ou de contrats, commis ou passés hors de Gourdon et de la juridiction des consuls, sur les terres du dit seigneur; ils le pourront, même si les délinquants ou contractants se trouvent dans la ville de Gourdon.

Le seigneur pourra aussi faire saisir les biens de ces délinquants ou contractants dans toute l'étendue de la juridiction consulaire; cependant le blé que ces personnes auraient fait porter à la *bladerie* (halle aux blés) ou sur la principale place publique ne pourra

(1) *Archives de Gourdon*. II5 f. 25.
Combarieu et Cangardel, Bulletin de la Société des Etudes du Lot, tome VI, p. 163.

jamais être confisqué;

3° Les officiers des Thémines prêteront le serment d'observer les dispositions du présent accord, et les consuls, viguiers et habitants de Gourdon s'engageront à ne jamais empêcher le seigneur ou ses officiers d'exercer les droits qui lui sont reconnus dans le présent acte.

Quel motif avait bien pu décider Gisbert IV à la conciliation? C'était sans doute l'intervention d'amis communs mais surtout parce qu'il était sur le point de quitter le pays pour aller, avec d'autres nobles du Quercy, rejoindre l'armée de Philippe VI de Valois sur les frontières de la Picardie.

Gisbert IV allait se conduire vaillamment au service du roi. Il prenait part en 1340 à la campagne de Flandre et il était fait chevalier à Tournay, ville assiégée par Edouard III d'Angleterre. Il fut tué quelque temps après, au cours du siège, laissant la tutelle de ses enfants mineurs à sa femme Almoys de Canillac et à ses frères Géraud et Guillaume de Thémines. Son corps devait être ramené à Gourdon pour être transporté de là à l'Hôpital-Beaulieu où il fut enseveli dans le tombeau que la maison de Thémines y possédait (1).

Courte durée de la réconciliation. — Cependant l'accord de 1339 ne devait pas rétablir longtemps la bonne entente entre les consuls et les Thémines; toutefois, durant les premiers mois qui suivirent la transaction, un calme relatif semble régner dans les relations des seigneurs de la Bouriane et de la Communauté de Gourdon, comme en témoignent divers

(1) *Archives de Gourdon.* BB7 f. 21 et 29. *E. Albe.* — Notes communiquées.

documents : c'est ainsi qu'en 1340, se conformant aux prescriptions de l'accord, le bayle des Thémines demande aux consuls de Gourdon l'autorisation de juger certains habitants de leur ville; l'autorisation est accordée sans difficulté par les magistrats (1).

Dans le même temps, les Thémines mettaient à la disposition des consuls les prisons du château de Gourdon qui avaient l'avantage d'être plus vastes et plus sûres que celles de la ville; les consuls en profitèrent pour y faire enfermer leurs prisonniers les plus dangereux (2); cet usage amena même un incident curieux : un certain Guillaume Fabre, étant accusé de meurtre, fut arrêté par les magistrats municipaux et incarcéré dans la prison seigneuriale. Pendant que l'instruction de son affaire se poursuivait, Raymond de Pons (3), beau-frère de Gisbert III (qui avait épousé en deuxièmes noces Jeanne de Pons) vint séjourner au château, habité seulement par Almoys de Canillac, femme de Gisbert IV, qui se trouvant seule après le départ de son mari pour la guerre, avait quitté ses castels de la Bouriane pour venir résider dans celui de Gourdon afin d'être plus en sûreté dans la ville consulaire.

Or, durant la présence de Raymond de Pons au château, le prisonnier des consuls réussit à s'évader, et, sans doute pour se procurer un vêtement ou un déguisement, s'empara d'une partie des vêtements enfermés dans la malle de messire Raymond. On le

(1) *Archives de Gourdon*. FF10.
(2) *Archives de Gourdon*. II5, 159.
(3) *E. Albe*. — Notes communiquées. MM. Combarieu et Cangardel, dans leur article sur « Gourdon et ses seigneurs » du Bull. de la Société des Etudes du Lot, tome VI, p. 164, ont confondu Raymond de Pons avec Pons de Gourdon. Gisbert III avait épousé en secondes noces Jeanne de Pons; les de Pons étaient coseigneurs de Turenne.

rattrapa et il fut condamné au bannissement.

A la même époque, les consuls, à la requête des officiers seigneuriaux, dressèrent une enquête contre certaines personnes accusées d'avoir arraché à la fenêtre de la Tour grande du château les barreaux de fer qui la défendaient (1).

Meurtre de Delmouli; reprise de la lutte. — Mais, dès la fin de l'année 1340, la bonne entente entre les consuls et leurs seigneurs avait cessé.

En août 1340, quelques difficultés se produisirent au sujet de l'arrestation du meurtrier de Peyre Delmouli, garde de la partie du château qui appartenait à Monseigneur Pons de Gourdon (2). Delmouli avait été assassiné dans des conditions qui restent obscures; mais le coupable étant un habitant de Gourdon et la victime un officier seigneurial, les consuls et les seigneurs entrèrent en discussion pour savoir de quelle juridiction relevait l'affaire, du tribunal consulaire ou de la cour seigneuriale.

Dès qu'ils avaient appris la nouvelle du crime, les consuls s'étaient réunis avec les viguiers sur la place publique, devant le château, pour procéder à une enquête. Pendant qu'ils délibéraient, Almoys de Canillac, l'épouse de Gisbert IV, apparut à la fenêtre de son hôtel qui, tout en faisant partie du castel donnait sur la place publique et elle demanda aux consuls de la défendre, elle et les siens car, son mari parti à la guerre, elle était seule et sans soutien.

Les consuls répondirent à la noble dame qu'ils la défendraient de leur mieux et qu'ils étaient venus précisément pour dresser une enquête sur le crime qui

(1) *Archives de Gourdon.* FF22.
(2) *Archives de Gourdon.* II5 f. 56; — FF21, 223; — FF7 n° 234, 163.

avait été commis et pour la préserver elle et sa famille, de toute violence.

Almoys de Canillac dit alors gracieusement (1) aux consuls qu'elle croyait à leur bonne volonté et que c'était la confiance qu'elle avait en eux qui lui avait fait quitter ses châteaux de la Bouriane après le départ de son mari pour venir se réfugier à Gourdon, estimant qu'auprès des consuls elle serait plus en sûreté que partout ailleurs.

Les consuls soupçonnaient de complicité Jehan de la Rivière; celui-ci se trouvait être dans le château; ils profitèrent des bonnes dispositions que dame Almoys venait de leur témoigner pour la prier de bien vouloir les autoriser à pénétrer dans le castel afin d'y commencer leur enquête et arrêter les personnes sur qui portaient les soupçons.

Mais Almoys, qui un moment auparavant montrait tant de bonne grâce vis-à-vis des consuls, s'y refusa, déclarant qu'elle n'ouvrirait pas le portail du château et n'enverrait même pas ses gens pour répondre aux interrogations des magistrats (2).

En se déjugeant si vite, Almoys était-elle poussée par quelque motif secret (?) ou simplement par l'idée que la victime de l'assassinat étant un officier du seigneur, l'affaire relevait non de la juridiction des consuls mais de la justice seigneuriale? — Cette dernière explication nous paraît plus probable.

Quoi qu'il en soit, devant le refus de la dame de Thémines, les consuls firent lire l'arrêté du sénéchal de Quercy qui leur donnait le droit d'entrer, fut-ce

(1) *Archives de Gourdon* FF21 n° 233 « et ipsa nobilis domina tunc graciose respondit quod ipsa credebat quod ipsi consules habebant bonam voluntatem ».

(2) *Archives de Gourdon.* II5 f. 56; FF21 223; FF7 234, 163.
E. Albe. — Notes communiquées.

par la force, dans le château, en l'absence des seigneurs. Devant cette attitude énergique, Almoys céda. Les portes du castel furent ouvertes et les consuls purent commencer leur enquête au cours de laquelle ils arrêtèrent Jehan de la Rivière; sur sa promesse de dire la vérité, ils le relâchèrent et, comme il était clerc, le remirent à l'official de Cahors, son juge naturel (1).

Les consuls et l'autorité seigneuriale ne pouvant s'entendre pour savoir de quelle des deux juridictions relevait l'affaire, le différend fut porté devant le sénéchal. Celui-ci le trancha en poursuivant lui-même le crime, en vertu de lettres de sauvegarde royale obtenues par Pons de Gourdon.

Les consuls, voyant cela, demandèrent à leur tour et finirent par obtenir du Parlement des Paris des lettres de sauvegarde contre leurs seigneurs (2).

Ainsi l'entente entre ces derniers et les magistrats de la cité avait vécu, et la lutte allait reprendre de plus belle.

Apreté de la lutte; attentats seigneuriaux. — Gisbert IV étant mort et la tutelle de ses enfants mineurs ayant été confiée à sa femme Almoys et à ses frères Géraud et Guillaume de Thémines, la dame de Canillac et ses deux beaux-frères, sous prétexte de mieux gérer les intérêts de leurs pupilles, rétablissaient les droits de péage rachetés depuis longtemps (1309) par les Gourdonnais (3).

En même temps, les Thémines cherchaient à reprendre aux consuls ce que Gisbert IV leur avait

(1) *Archives de Gourdon.* II5 f. 57.
(2) *Archives de Gourdon.* II5 31 et aussi FF10.
(3) *Archives de Gourdon.* FF5 et FF6; CC40; II5 f. 59; II5 f. 49.

concédé, de son vivant, par l'accord de 1339.

Les magistrats, comme on le pense, protestèrent énergiquement.

Les seigneurs ripostèrent et se plaignirent au Parlement de Paris soutenant que c'était pour eux un devoir, en leur qualité de tuteurs, de bien administrer les biens de leurs pupilles et de faire rentrer dans le patrimoine de ceux-ci le plus de biens possible (1).

Pendant ce temps, les excès seigneuriaux devenaient de plus en plus fréquents et violents : meurtres, incendies, rapts de femmes se renouvelaient à chaque instant (2).

Les Thémines faisaient arrêter plusieurs habitants de Gourdon, parmi lesquels Hugues Labarde, qu'ils accusaient de s'être rendus coupables de vexations vis-à-vis d'Almoys de Canillac, résidant au château (3).

En septembre 1341, Faydit Pélegri, particulièrement détesté des seigneurs de la Bouriane et époux de Lucie de la Ricardie, fut assailli et tué, près de la porte Saint-Jean où il se promenait, par les familiers des Thémines parmi lesquels se trouvait messire Géraud.

Les châtelains essayèrent de se disculper en prétendant qu'ils avaient été provoqués par Faydit. Quoi qu'il en soit, n'osant plus résider à Gourdon où la colère contre eux était devenue générale, ils se retirèrent à Milhac auprès de la dame de Canillac qui

(1) *E. Albe.* — Notes communiquées. *Archives de Gourdon.* FF21 n° 386.
(2) *Archives de Gourdon.* FF5 et FF6.
(3) *E. Albe.* Notes communiquées.

les y avait précédés (1).

Mais la veuve de la victime, Lucie de la Ricardie, (sans doute de la famille célèbre des de Ricard dont nous parlerons plus loin), voulait venger son mari. Elle porta plainte devant la cour du roi, et des commissaires, Guillaume de Nemosio et Jean Reboule, furent chargés de procéder à une enquête (juillet 1342). L'instruction du crime fut ouverte; mais la guerre anglaise commençait à sévir cruellement et reprenait Géraud de Thémines ainsi que la plupart des autres accusés; l'affaire dut être renvoyée; nous n'en connaissons pas la conclusion mais nous pouvons penser que Géraud de Thémines, en dépit de ses protestations d'innocence, devait bien être réellement coupable du meurtre de Faydit puisqu'au jour de son testament, sans doute tourmenté par le remords, il priait son frère et légataire universel, Guillaume, de faire construire une chapelle dans l'église où Faydit avait été enseveli afin que des prières fussent faites pour le repos de l'âme du défunt (2).

Cependant les Thémines et leurs familiers continuaient la série de leurs attentats; les consuls leur reprochaient d'avoir organisé une troupe d'hommes d'armes (3) pour ravager les biens d'habitants qui étaient pourtant placés sous la sauvegarde royale.

En septembre 1343, les seigneurs de la Bouriane se rendaient coupables d'*arrestations illégales.*

Géraud Ricard, marchand de Gourdon, allait à Sarlat en compagnie de Géraud de Maudirat, alors consul. Arrivés au pont de la Melve (sur les limites

---

(1) *Archives de Gourdon.* FF5.
(2) *E. Albe.* — Notes communiquées.
(3) *Archives de Gourdon.* FF24.

du Quercy et du Périgord), ils furent brusquement assaillis par trois hommes armés qui les menacèrent de mort,, les arrêtèrent et les conduisirent au château de Nadaillac (près Payrignac). Ils comparurent dans la grande salle du château devant Guillaume de Thémines, doyen de Mâcon, qui leur reprocha d'avoir quelque temps auparavant fait arrêter et torturer un de ses sergents d'armes, le farouche Arnaud de Massaut, coseigneur du Roc, surnommé Malagratia.

Après avoir été menacés par Guillaume, les captifs furent jetés en prison. Ils essayèrent de corrompre leurs gardiens; mais ceux-ci, après s'être faits donner l'argent qu'ils avaient sur eux, au lieu de les mettre en liberté, les conduisirent par des sentiers peu connus au château de Milhac où on les retint prisonniers encore deux ou trois jours. Enfin, à la demande de quelques seigneurs, on les relâcha (1).

Exaspérés par tant d'exactions, protestant contre le rétablissement des droits de péage et les violations constantes de l'accord de 1339, les consuls et les habitants de Gourdon s'adressèrent au roi lui-même pour obtenir sa protection contre les Thémines.

Le 23 juin 1350, ils obtinrent des lettres de sauvegarde royale par lesquelles le sénéchal du Quercy était commis pour connaître et réprimer les excès que les consuls reprochaient à leurs seigneurs (2).

Mais Philippe VI mourait sur ces entrefaites (1350) et sa mort retardait l'enquête par lui ordonnée.

Toutefois, en 1352, le roi Jean II renouvela (le 9 avril), en faveur des Gourdonnais, les lettres que son prédécesseur leur avait accordées et donna l'or-

(1) *E. Albe.* Notes communiquées.
(2) *Archives de Gourdon.* FF5.

dre de commencer l'enquête prescrite par Philippe VI (1).

L'information fut dirigée par le lieutenant du sénéchal et elle démontra la culpabilité des Thémines, que les consuls furent autorisés à poursuivre devant le Parlement de Paris (2).

Les magistrats s'empressèrent d'user de l'autorisation et firent citer immédiatement leurs adversaires devant la cour souveraine (3).

Mais, quelque temps après l'avènement de Jean II, d'importants événements s'étaient produits.

Les hostilités avec l'Angleterre, un moment suspendues (sept. 1347) quelques mois avant la mort de Philippe VI, allaient reprendre; au péril anglais s'ajoutaient la menace du péril navarrais et de la bourgeoisie révolutionnaire, les préoccupations causées par le mauvais état des finances et la réunion des Etats Généraux (pour déc. 1355); tous ces faits durent retarder le jugement de la cour; quoi qu'il en soit, le Parlement ne rendit pas de décision et les consuls de Gourdon ne purent ainsi obtenir justice contre leurs oppresseurs.

Mais cela n'avait plus grande importance.

En effet, l'arrivée du Prince Noir en Guyenne et la reprise plus âpre que jamais de la lutte contre les Anglais avaient singulièrement diminué les haines des consuls et des seigneurs et provoqué un *rapprochement des deux parties* qui allaient associer leurs efforts et concentrer toutes leurs énergies, dans le danger commun, pour résister courageusement à l'Anglais.

(1) *Archives de Gourdon.* FF5.
(3) *Archives de Gourdon.* II5.
(4) *Archives de Gourdon.* FF5.

II. — Réconciliation des Thémines et des Consuls devant le péril anglais.

Une guerre de trois cents ans. — Au moment où commença la guerre de Cent ans proprement dite (1337-40), l'apparition des Anglais dans le Quercy remontait déjà à près de deux siècles (1159), au temps où Henri II d'Angleterre avait envahi la région, revendiquant le comté de Toulouse dont faisait partie notre province.

Nous avons vu précédemment la résistance opposée par les seigneurs Gourdonnais au fils d'Henri II, Richard Cœur de Lion, au cours de la grande lutte des Capétiens et des Plantagenets, la prise de notre ville par ce prince (1), et nous nous rappelons que Pons II de Gourdon-Gourdon avait accepté les conséquences du traité de 1259 et déclaré (en 1264) renoncer à la suzeraineté du roi de France pour reconnaître celle du roi d'Angleterre, duc de Guyenne (2).

Depuis ce temps, les Anglais n'avaient jamais complètement abandonné le pays et ils ne devaient être expulsés définitivement qu'en 1450-4. C'est pourquoi, on peut considérer à juste titre que la guerre de Cent ans dans nos régions fut en réalité une guerre de trois cents ans (1154-1454).

Les Gourdonnais avaient vu douloureusement l'établissement de la domination anglaise dans le Quercy au treizième siècle, les incursions dévastatrices des Routiers, aventuriers pillards à la solde de l'Angle-

(1) *Archives municipales de Cahors* (Inventaire par le *Chanoine Albe* p. 36).

(2) *E. Albe.* — Les suites du traité de Paris de 1259 pour le Quercy, p. 5 du tirage à part.

terre, les conflits de juridiction fréquents entre la justice du roi de France et la justice anglaise, les difficultés incessantes provoquées par la présence de l'étranger, les contestations perpétuelles des officiers des deux gouvernements s'accusant mutuellement d'outre-passer leurs droits, les impôts qui frappaient les habitants de la région au profit du roi d'Angleterre (1).

Aussi, lorsqu'en 1324, Charles IV le Bel reprit la lutte contre l'Anglais à la suite de la non-réparation par le roi Edouard d'un attentat commis, contre les gens du roi de France, par le seigneur de Montpezat en Agenais, les Gourdonnais se trouvèrent tout disposés à prendre part à la « guerre de Gascogne »; ils soudoyèrent pour envoyer à l'armée française, commandée par le comte de Valois, oncle du roi, un chevalier gascon Viguier de Manaut, seigneur de Manaut dans le diocèse d'Auch, et fournirent la somme de 459 livres 11 deniers pour les dépenses de la guerre (2).

Les débuts de la guerre de cent ans dans le Haut-Quercy. — Quand sous Philippe VI, la guerre de cent ans proprement dite éclata, elle commença en Flandre et en *Guyenne.*

Les consuls de Gourdon fournirent aussitôt (1336-37) un contingent à l'armée royale : ils envoyèrent, près des frontières du Quercy, au siège de Penne, en Agenais, 34 sergents d'armes, commandés par

(1) Philippe-le-Bel, par le traité de 1286, avait accordé au roi d'Angleterre 3.000 livres tournois dont 758 livres étaient assignées sur le Quercy et une partie de ces 758 livres sur les terres du Gourdonnais; Voir *E. Albe.* Les suites du traité de Paris de 1259 pour le Quercy (Annales du Midi, tome XXIII, 1911), p. 10 et suivantes du tirage à part.

(2) *Archives de Gourdon.* CC44.

Hélie de Caussa Roga (Chausse Rouge) (1).

En 1339, Gisbert IV de Thémines, nous l'avons vu, partait, avec d'autres représentants de la noblesse quercynoise, rejoindre l'armée royale de Flandre et prenait part courageusement au siège de Tournai (1340) où il trouvait la mort (2).

Cependant les Anglais progressaient dans l'Agenais, et, en juin 1345, Henri de Lancastre, duc de Derby et troisième fils du roi d'Angleterre, débarquait à Bayonne d'où il marchait sur Bordeaux et le Périgord, et s'emparait de Bergerac, défendue par le comte de l'Isle-Jourdain (août 1345).

Le roi de France, alarmé, envoyait en Guyenne le duc Pierre de Bourbon qui rejoignait à *Gourdon* les troupes auxquelles il avait donné rendez-vous, et séjournait dans notre ville du 27 septembre au 5 octobre 1345 (3).

Tandis que, dans le nord de la France, les événements allaient se précipiter (après le désastre de Crécy, 1346, c'était le siège et la capitulation de Calais, 1347), les Anglais de Guyenne écrasaient l'armée française méridionale à Auberoche, près Périgueux (oct. 1345), et s'emparaient de Domme, aux confins du Haut-Quercy (1348) (4).

Dès lors, l'invasion du Gourdonnais était proche. Elle commença et se poursuivit en dépit de la suspension des hostilités décidée par les rois de France et d'Angleterre, dans une trêve conclue (28 sept. 1347) par eux, au lendemain de la capitulation de Calais.

---

(1) *Archives de Gourdon*. EE1 n°s 69 et 418.
(2) *Archives de Gourdon*. BB7 f. 21.
(3) *Lacoste*. — Histoire du Quercy, tome III, p. 107.
Archives de Gourdon. CC47 et CC1 n° 188.
(4) *Fouilhac*, MS. tome I, p. 316.

Les Anglais occupèrent Salviac et ses alentours, vraisemblablement sans difficulté car le seigneur de cette localité, Philippe de Jean, avait fait cause commune avec l'ennemi (1).

Dès lors la situation de Gourdon devenait périlleuse.

Gourdon en danger; les mesures de défense. — Le sénéchal du Quercy et du Périgord, Guillaume de Montfaucon, ordonna aux Gourdonnais de travailler à l'amélioration des fortifications de la ville, vu l'approche de l'ennemi (2).

Les habitants de notre ville, comprenant l'imminence du danger, s'employèrent de leur mieux à répondre au désir du sénéchal. D'un commun accord avec leurs seigneurs, ils se hâtèrent de mettre la ville en état de défense.

Les consuls se muèrent en gouverneurs de places de guerre; ils nommèrent des capitaines, firent réparer les remparts, les quatre portes de la ville (Major, Ségur, du Roc et Saint-Jean), les portes des faubourgs qui étaient autant d'avant-postes destinés à essuyer les premiers chocs de l'ennemi (3); des chiens de garde furent placés entre les barrières des faubourgs et les remparts de la ville afin d'avertir par leurs aboiements de la présence de l'ennemi (4).

On s'occupa d'assurer le guet sur les fortifications et sur le château; la défense du castel, qui formait la citadelle, fut assurée par des hommes d'armes à qui sa garde fut spécialement confiée (5).

---

(1) *Fouilhac.* MS, tome I, p. 315.
(2) *Archives de Gourdon.* EE6 n° 39; EE1 n° 355; EE1 n° 391.
(3) *Archives de Gourdon.* CC17, 18, 19.
(4) *Archives de Gourdon.* BB4 f. 22.
(5) *Archives de Gourdon.* BB3.

Les bourgeois devenaient soldats; ils veillaient sur les murailles, dans les tourelles, et aux portes de la ville; ne pouvant aisément remplir d'eau le fossé qui protégeait le rempart, ils le garnissaient de gros fagots de plantes épineuses (1).

Et les seigneurs, faisant taire leurs haines pour les consuls et la Communauté, s'employaient à défendre de leur mieux la cité.

PRISE DE DOMME PAR LES TROUPES DU SÉNÉCHAL. — Cependant les Anglais ravageaient les alentours de Gourdon et de Salviac d'où ils s'étaient répandus dans le Haut-Quercy. Ils occupaient la forêt des Brasconies, près de Caniac et s'y étaient retranchés; Quissac était tombé entre leurs mains et ils avaient mis à contribution les villages environnants (2).

Domme était leur base d'opérations; c'est de là qu'ils faisaient des incursions dans toutes les directions.

Aussi le sénéchal du Quercy résolut-il de frapper l'ennemi au cœur même de sa puissance et d'aller l'assiéger dans Domme même. Dans ce but, il rendit une ordonnance par laquelle il prescrivait à tous les hommes de la sénéchaussée en état de porter les armes, depuis l'âge de 15 ans jusqu'à 60, de se rendre dans la ville de *Gourdon* (1347); c'est là que se fit la réunion (3).

De Gourdon, l'armée du sénéchal partit mettre le siège devant Domme et, malgré l'énergique résistance de l'ennemi, réussit à s'en emparer, au mois d'avril 1348 (4).

(1) *Archives de Gourdon*. CC17, 18, 19.
(2) *Lacoste*. — Histoire du Quercy, tome III, p. 115.
(3) *Lacoste*. — Histoire du Quercy, tome III, p. 115.
Fouilhac. — ms., tome I, p. 316.
(4) Ibidem.

La Royauté impuissante a secourir Gourdon. — Néanmoins, les Anglais continuaient de désoler la campagne gourdonnaise; les consuls de notre ville, exaspérés par l'attitude de l'ennemi et d'accord avec leurs seigneurs, s'unirent alors aux consuls de Cahors pour prier le cardinal de Boulogne de demander au roi de ne pas abandonner plus longtemps le Quercy, exposé à toutes les dévastations de l'étranger (1).

La Royauté était malheureusement trop occupée dans le nord de la France pour pouvoir songer à porter secours aux provinces méridionales; impuissante à défendre les Gourdonnais, elle leur accorda néanmoins certains droits et réductions d'impôts afin de leur rendre moins odieux les maux de la guerre.

C'est ainsi qu'en octobre 1353, le lieutenant du roi en Aquitaine, le comte d'Armagnac, dispensa les Gourdonnais du subside général qu'il avait établi peu de temps auparavant (2); en février 1354, le capitaine général de Languedoc, Raymond de Rabastens, autorisa les consuls à lever un droit de gabelle de quatre deniers par livre sur les viandes, vins, blés et autres denrées, afin d'améliorer les fortifications de la ville avec le produit de cette taxe (3).

Expédition des Gourdonnais dans les bois de la Dame. — Les seigneurs et les consuls de Gourdon, n'espérant plus de secours du Roi, continuèrent à lutter sans se décourager.

En 1350, ils organisèrent une expédition dans les bois de la Dame (4), entre Payrac et Calès, du côté de Roc-Amadour où les Anglais avaient établi leur

(1) *Fouilhac.* — ms., tome I, pp. 318 et 323.
(2) *Archives de Gourdon.* CC1 n° 168.
(3) *Archives de Gourdon.* CC1 n° 188.
(4) *Archives de Gourdon.* CC17.

campement. La présence de l'ennemi dans ces parages avait été signalée aux consuls par Arnaud de Pélegri. Pons de Gourdon, avec une petite troupe d'hommes d'armes, se porta à la rencontre des Anglais; neuf ennemis furent faits prisonniers, ramenés à Gourdon, et pendus quelque temps après (1).

L'année suivante, les Anglais prirent leur *revanche*. Profitant de la jeunesse des fils de Gisbert IV de Thémines et de l'absence de leur oncle Géraud, ils s'emparèrent, dans la Bouriane, d'une des forteresses les plus redoutables des alentours de la ville, du château de Nadaillac qui commandait la vallée de la Marcillande, ruisseau de Saint-Cirq-Madelon (2).

Le roi Jean II pour dédommager Gisbert V de la perte de son castel, et le récompenser de ses efforts contre les Anglais, le gratifia d'une rente de 80 livres (3).

Retranchés à Nadaillac, aux portes de Gourdon, les Anglais pouvaient ravager à leur aise les environs. Ils faisaient tellement de mal que les consuls n'avaient qu'une préocupation : leur reprendre cet important point d'appui.

En 1353-4, les consuls réunissaient un fort contingent; plus de 60 sergents d'armes furent postés aux portes de la ville. Les consuls de Domme et de Belvès, dans le Périgord, promirent de fournir des secours (4).

Le sénéchal envoya un certain nombre d'hommes d'armes à Gourdon, qui se fortifièrent à Payrignac

---

(1) *Archives de Gourdon*. CC17.
(2) *Lacoste*. — Histoire du Quercy, tome III, p. 129; et *Archives de Gourdon* EE5.
(3) Ibidem.
(4) *Archives de Gourdon*. BB4 et EE5.

de manière à surveiller les Anglais de Nadaillac et à réprimer leurs courses (1).

Le rachat de Nadaillac. — Mais tous les efforts des Gourdonnais demeuraient vains et Nadaillac restait au pouvoir des ennemis et de leur chef, le capitaine Nicolas d'Auzeran.

Lassés de combattre sans résultats appréciables et préoccupés avant tout d'éloigner la compagnie anglaise qui désolait le pays, les habitants de notre ville et leurs seigneurs résolurent de traiter avec le capitaine anglais et de lui racheter à prix d'argent le bourg de Nadaillac.

Nicolas d'Auzeran fut pressenti. Mais la somme qu'il demanda atteignait le chiffre, énorme pour l'époque, de 2.500 florins d'or (2).

Les consuls ne savaient comment se procurer pareille somme : c'est alors que se manifesta d'une manière éclatante la *bonne entente* entre eux et leurs seigneurs qui, en présence du danger commun, avait remplacé les haines de jadis.

Guillaume de Thémines s'offrit pour en payer la moitié et comme il ne disposait pas d'assez d'argent pour donner intégralement la somme qu'il s'engageait à fournir au capitaine anglais, les Gourdonnais, qui lui étaient particulièrement reconnaissants de son courage dans la lutte contre l'ennemi, lui prêtèrent 500 florins d'or en monnaies diverses (mars 1358) (3).

Toutefois la somme réunie par les consuls et les Thémines n'atteignant pas le chiffre exigé par Nicolas d'Auzeran, le sénéchal du Quercy rendit un man-

(1) *Archives de Gourdon*. BB4 f. 14.
(2) *Archives de Gourdon*. II5.
(3) *Archives de Gourdon*. CC40 n° 21 et II5 f. 35.

dement prescrivant aux habitants des alentours de Gourdon qui avaient autant d'intérêt que ceux de la ville au départ des Anglais, de payer le reste de la rançon (22 avril 1358) (1).

Nadaillac put ainsi être racheté.

Mais aprés la défaite de Poitiers (18 sept. 1356), le roi Jean II avait été amené en captivité à Londres. Tandis que la révolution bourgeoise d'Etienne Marcel et la révolution paysanne des Jacques désolaient Paris et les provinces du Nord, le roi de France se voyait contraint de signer le honteux traité de Brétigny (24 oct. 1360) qui livrait le Quercy aux Anglais.

Ce traité ramena une tranquillité relative dans le Gourdonnais, et, à sa faveur, les seigneurs et les consuls allaient pouvoir sceller la *réconciliation* qui s'était produite entre eux, au milieu des malheurs de la guerre, dans la lutte contre l'ennemi du pays.

Réconciliation des Thémines et des Consuls. — Afin de mettre fin à tous les conflits de juridiction et à tous les procès qui en étaient la conséquence, les consuls et leurs seigneurs décidèrent de régler amiablement leurs différends.

Le 15 juillet 1361, l'accord (2) fut conclu; les parties contractantes étaient, d'une part, les consuls Géraud Laygue, Géraud Ricard, Bernard Lacoste et Pierre Boychel et les viguiers représentés par Guillaume de Golême et Durand de Brives, d'autre part Guillaume de Thémines, principal seigneur de Gourdon, et son frère Renaud ou Reginald, chanoine de

(1) *Archives de Gourdon*. CC40.
(2) *Archives de Gourdon*. — II5 f. 36; — Le texte de cet accord a été publié par MM. Combarieu et Cangardel dans le Bull. de la Société des Etudes du Lot, tome VI, p. 185.

Narbonne et de Langres (Gisbert V ne figure pas, car en juillet 1361, il était déjà mort).

Par cet acte, les seigneurs et les consuls se pardonnent mutuellement tous les torts qu'ils peuvent avoir les uns à l'égard des autres.

Les Thémines restitueront aux Gourdonnais tout ce qu'ils leur ont pris, et le péage rétabli par les seigneurs sera supprimé.

Les consuls et les viguiers auront la connaissance, au civil comme au criminel, de tout fait ou délit quelconque commis par un habitant de Gourdon, même si l'infraction a eu lieu dans l'enceinte du château, si c'est sur le penchant du castel qui regarde la place de l'église Saint-Pierre.

Ils en auront la connaissance comme si le fait s'était déroulé dans tout autre partie de la ville.

Mais si ce fait s'est produit exclusivement entre les familiers du château, il relèvera alors de la juridiction des seigneurs.

L'acte d'accord fixe en même temps le taux des amendes qui frapperont les différents délits et dont très souvent une partie reviendra aux consuls et viguiers, et l'autre partie aux seigneurs.

Citons quelques-unes de ces dispositions qu'on pourra comparer avec celles de la charte de 1244.

Les *coups et blessures* sans gravité, données avec la main ou le pied, sont punis d'une amende de 10 sous dont la moitié revient au seigneur et l'autre moitié aux consuls et viguiers.

Les blessures plus graves, faites avec une *pierre*, sont punies, si celle-ci a manqué son but, d'une amende de 5 sous au profit exclusif du seigneur.

Si la pierre a touché son but, sans qu'il y ait eu

fracture ou sang versé, l'amende est de dix sous dont une moitié au profit du seigneur, l'autre moitié au profit des consuls et viguiers.

S'il y a eu sang versé, le délinquant doit donner 100 sous dont 40 au seigneur et 60 aux consuls et viguiers.

Les blessures, données avec un *couteau*, sont punies, s'il y a eu sang versé, d'une amende de 100 sous dont 60 sous au profit des consuls et viguiers, et 40 au profit du seigneur.

S'il n'y a pas eu de sang versé, les 100 sous sont au seigneur.

La simple menace faite avec un couteau, sans qu'aucun coup soit porté, est punie d'une amende de 50 sous au profit du seigneur.

Le *port d'armes* est prohibé en ville sans autorisation du seigneur ou des consuls; les contrevenants sont frappés d'une amende de 20 sous au profit du seigneur et les armes sont confisquées par les consuls.

Le vol d'une somme de 20 sous ou au-dessous est frappé d'une amende de 10 sous au profit du seigneur et le voleur doit réparer le dommage.

Le flagrant délit d'adultère est puni d'une amende de 100 sous au profit du seigneur.

Le viol d'une femme mariée ou d'une fille vierge est puni d'une amende de 100 sous au profit du seigneur, et le châtiment du crime appartient aux consuls et aux viguiers.

Le faux-témoin est frappé d'une amende de 100 sous au profit du seigneur, et celui qui s'est servi de son faux-témoignage perd son procès.

L'usage de faux poids ou de fausses mesures rend

passible d'une amende de 7 sous au profit du seigneur et des viguiers.

En dehors des droits précisés dans cet acte, les seigneurs n'ont *aucune compétence* pour connaître et juger les affaires civiles et criminelles de la ville de Gourdon.

En somme, la lutte des Thémines et des Consuls se soldait à l'avantage de ces derniers.

Les Thémines reconnaissaient aux magistrats de la cité une compétence des plus larges en matière de justice civile et criminelle puisqu'ils admettaient que seuls les différends survenus entre les gens du seigneur et les délits commis par eux relèveraient des tribunaux seigneuriaux.

La Communauté voyait disparaître le péage rétabli par les Thémines et rentrait en possession des biens confisqués par eux.

On peut donc dire que l'accord de 1361, en scellant la réconciliation des seigneurs et des consuls, marquait un *nouveau progrès*, une nouvelle victoire du Consulat sur la Seigneurie.

III. — Fin de la suzeraineté des Thémines.

Bonne entente entre les Thémines et les Consuls. — L'accord de 1361 avait clos la période des difficultés toujours renaissantes entre les Thémines et les consuls et habitants de Gourdon.

A partir de cette époque, les seigneurs de notre ville paraissent avoir vécu en bonnes relations avec leurs vassaux. C'est à peine si, en 1368, nous voyons un petit différend (1) s'élever au sujet de certains abus de juridiction commis par les officiers seigneuriaux : au mois de juillet de cette année-là, deux consuls de Gourdon se présentèrent aux assises du juge seigneurial, Bertrand d'Hébrard, pour lui rappeler que l'accord de 1361 prévoyait que les officiers des Thémines devaient chaque année prêter le serment de ne gêner en rien la juridiction consulaire; et cependant plusieurs de ces officiers manquaient à ce serment en empiétant sur les droits de justice des consuls.

Le juge des Thémines accueille, d'ailleurs favorablement, la plainte des magistrats, et leur promet de la transmettre à Guillaume de Thémines et de leur donner la réponse aux prochaines assises.

Guillaume de Thémines vivait en parfaite intelligence avec les consuls et leurs administrés. Ceux-ci lui témoignaient leur sympathie, en 1363, à l'occasion de ses secondes noces avec Marquèse de Gourdon-Cénevières, la veuve du seigneur de la Guépie. Ils faisaient le meilleur accueil à la nouvelle mariée : Marquèse, coiffée seulement d'une couronne de pervenches, entra triomphalement à Gourdon. Les seigneurs, les consuls et les habitants de la ville allèrent en foule la chercher à l'église de la Madeleine; les vassaux de la dame de Thémines, tête nue et pieds nus, prirent la bride de son cheval et la conduisirent jusqu'à la barbacane du château. Marquèse étant descendue de cheval à cet endroit, les seigneurs la firent entrer dans le château et l'accompagnèrent jusque dans son appartement (2).

(1) *Archives de Gourdon.* — FF24 n° 354.
(2) *Lacoste.* — Histoire du Quercy, tome III, p. 179.

L'HÉRITAGE DES THÉMINES; ACHAT DE LA PLUS GRANDE PARTIE DE LEURS DROITS SUR GOURDON PAR LE COMTE D'ARMAGNAC. — Guillaume de Thémines n'eut pas plus d'enfants de sa seconde femme qu'il n'en avait eu de la première Marquèse du Fossat. Aussi, il institua héritier (1378) de la seigneurie de la Bouriane et de la coseigneurie de Gourdon *Marquès de Cardaillac* (1), fils de son cousin Géraud de Cardaillac et de sa sœur Douce de Thémines, née elle-même de Bertrande de Thémines et de Raymond de Cardaillac.

L'année suivante, 1379, Marquès de Cardaillac vendait, pour la somme de 4.000 francs d'or, une partie de ses droits sur la seigneurie et la juridiction de Gourdon au comte Jean II d'Armagnac (2).

Par cette acquisition, le comte d'Armagnac entrait dans la seigneurie de notre ville dont il n'allait pas tarder à devenir le principal suzerain.

Marquès de Cardaillac-Thémines parut fort peu à Gourdon et, n'ayant pas eu d'enfants, laissa, en mourant (1421), ses biens à son neveu Raymond Ameil de Penne (qui prit le nom de Thémines), fils de sa sœur Hélène de Cardaillac et de Ratier de Penne-Belfort, seigneur de Labastide-de-Penne (3).

Raymond Ameil de Penne-Thémines fut, pendant un certain nombre d'années, coseigneur de Gourdon.

En février 1453, il acheta à la famille de Tustal la partie de la seigneurie de Gourdon qui avait appartenu à la famille des Gourdon-Salviac et que les Tustal tenaient de Marguerite de Cazeton (4).

(1) Il ne faut pas confondre Marquès de Cardaillac-Thémines avec Marquès de Cardaillac-Brengues.
(2) *Archives de Gourdon* II5; — Archives du Lot, F 122.
(3) *Lacoste.* — Histoire du Quercy, tome III, p. 369.
(4) *Lacoste.* — Histoire du Quercy, tome III, p. 404.

A l'occasion de cette acquisition, les consuls et habitants de notre ville, avec qui Raymond-Ameil vivait en excellentes relations, lui firent une brillante réception, lui prêtèrent serment de fidélité en lui disant combien ils étaient heureux de compter, au nombre de leurs seigneurs, un descendant de la noble maison de Thémines qui les avait si longtemps gouvernés.

Raymond Ameil fut très flatté de ce compliment et confirma les privilèges de la Communauté (1).

Il vit la fin de la guerre de cent ans, le départ des Anglais et la libération définitive du Quercy (1453-4).

Mais n'ayant pas eu d'enfants, il avait donné par son testament (fait en 1451) (2) :

1° La seigneurie de Saint-Cirq-Madelon à son neveu Guillaume de Penne-Thémines, le fils naturel de son frère Ratier de Penne;

2° La *coseigneurie de Gourdon* et la seigneurie de la Bouriane à son petit neveu Dorde ou Déodat de Lauzières qui prit le nom de Thémines (3).

Telle fut la fin de la suzeraineté des Thémines à Gourdon. Avec Dorde, une autre maison, celle des Lauzières-Thémines, prend possession de la coseigneurie de notre ville et, avec elle, une *nouvelle période de luttes intestines* va s'ouvrir dans la cité Gourdonnaise... Mais il n'entre pas dans notre sujet de les raconter.

---

(1) *Lacoste.* — Histoire du Quercy, tome III, pp. 404-405.

(2) *E. Albe.* — Notes communiquées.

(3) Dorde de Lauzières était le deuxième fils du neveu de Raymond Ameil qui s'appelait lui-même Raymond et était né du mariage de la sœur de Raymond Ameil, Catherine de Penne, avec Rostaing II de Lauzières.

E. Albe. — Notes communiquées.

IV. Les Coseigneurs de Gourdon dans la 2e partie du XIVe siècle. Le comte d'Armagnac, principal Suzerain de notre ville. Le couronnement de l'œuvre consulaire.

A côté des Thémines, principaux suzerains de notre ville, ou de leurs héritiers, on trouve dans la seigneurie de Gourdon, au cours de la seconde partie du quatorzième siècle, les coseigneurs suivants :

1° Les *Gourdon-Gourdon*, qui ont relevé partiellement les ruines de leur fortune mais ne vont pas tarder à s'éteindre;

2° Les *Gourdon-Cénevières* et les *Gourdon-Peyrille*, qui conservent toujours des droits sur Gourdon;

3° Les *de Ricard* et les *Cazeton*, deux nouvelles familles entrées dans la seigneurie;

4° Le *comte d'Armagnac*, qui, par des acquisitions successives, va devenir, à la place des Thémines, le principal seigneur de la localité.

Les Gourdon-Gourdon; extinction de leur lignée. — Nous l'avons dit au chapitre précédent, la branche directe de la maison de Gourdon, quoique ruinée dans le premier tiers du quatorzième siècle, ne disparut pas pour cela de Gourdon. Fortanier IV, le frère de Bertrand II, avait conservé ou racheté certains droits sur la seigneurie de ses ancêtres puisqu'il accordait, en 1333, une foire aux Gourdonnais (1). Les Gourdon-Gourdon avaient vécu, considérablement appauvris, à côté des seigneurs de la Bouriane devenus tout-puissants, et s'étaient efforcés de relever peu à peu, partiellement au moins, les ruines de leur fortune et le prestige de leur lignée.

Pons de Gourdon, probablement fils de Bertrand II,

(1) *Archives de Gourdon*. AA1

était rentré ainsi en possession d'une partie des droits cédés par son père au seigneur Bernard de l'Isle-Jourdain; par suite, ce dernier *n'était pas resté longtemps coseigneur de notre ville* et, après un certain nombre d'années, son nom n'apparaît plus dans les documents concernant la localité qui nous occupe; c'est à peine si, en 1345, nous voyons Bertrand Jourdain, fils de Bernard, en procès avec Pons, sans doute au sujet du règlement des affaires conclues jadis par son père (1).

Pons de Gourdon était propriétaire d'une partie du château de Gourdon qu'il partage, en 1363, avec Guillaume de Thémines : celui-ci a, pour sa portion, le côté du castel situé en face de l'église Saint-Pierre, tandis que Pons conserve celui qui regarde le faubourg de la *Salvayrie*. Il fut convenu que la chambre de justice et la chapelle du château seraient indivises entre les co-partageants (2).

Pons allait vendre, en 1379, ses droits sur Gourdon au comte d'Armagnac et prendre part, dans le même temps, au partage de la seigneurie dont une petite partie lui serait attribuée (3).

Nous ne connaissons pas bien la *descendance* de Pons de Gourdon; il semble n'avoir eu que des *filles* (4), parmi lesquelles Alix, mariée à un membre de la famille de Ricard.

Ainsi s'éteignit la branche des Gourdon-Gourdon.

LES GOURDON-CÉNEVIÈRES. — La branche des Gour-

(1) *E. Albe.* — Notes communiquées; — Archives nationales X1-A, n° 10 f. 298.

(2) *Lacoste.* Histoire du Quercy, tome III, p. 178.

(3) *Archives de Gourdon.* II5 fol. 59.

(4) *E. Albe.* — Notes communiquées; — *E. Albe.* — Autour de Jean XXII, p. 267 et p. 211.

Pons de Gourdon prit une part active à la guerre de Cent-Ans. *Cabinet des Titres*, pièces originales, 1375, p. 2, 3, 4, 5; — *Archives du Lot*, F. 431.

don-Saint-Cirq-Cénevières, qui conservait, dans la seconde partie du quatorzième siècle, des droits sur Gourdon, allait finir, au commencement du siècle suivant, par les de Penne.

Jean Ier, fils de Fortanier III de Gourdon-Cénevières, avait succédé à son père, mort en 1347. Il eut pour enfants : *Jean II* qui se distingua comme lui pendant la guerre de Cent ans et fut tué en combattant; Fortanier V qui fut d'église; Delphine, qui épousa Pierre de Cazeton; et Marquèse, que nous connaissons déjà, mariée à Armand de Penne et, en secondes noces, à Guillaume de Thémines (1).

Jean II aurait épousé Hélips de Monestiers dont il aurait eu deux enfants : Jean III et Marguerite, encore mineurs au moment de la mort de leur père, en 1398, et dont la tutelle fut confiée par celui-ci à leur mère et à leur cousin Fortanier de Cazeton (fils de Delphine, sœur de Jean II, et de Pierre de Cazeton) (2).

Jean III mourut assez jeune (avant 1418) et eut pour successeur *Jean de Penne* (3), fils de sa tante Marquèse et du premier mari de celle-ci, Armand de Penne.

Jean de Penne avait déjà hérité des biens de son frère Olivier, mort vers 1400, sans postérité. Il donna, dans ses testaments (1436 et 1439), la seigneurie de la Roque des Arcs à son deuxième fils Pierre qui fut le chef de la branche des La Roque.

Les Gourdon-Peyrille. — La branche des Gourdon-Peyrille, issue, nous nous en souvenons, de celle

(1) *E. Albe.* — Notes communiquées.
(2) *E. Albe.* — Notes communiquées.
(3) En vertu du testament de Jean Ier qui instituait héritiers les enfants mâles, par ordre de naissance, de sa fille Marquèse au cas où il manquerait de descendants directs mâles.
E. Albe. — Notes communiquées.

des Gourdon-Castelnau, était représentée dans la seigneurie de notre ville, à la fin de la première partie du quatorzième siècle par Pons, fils d'Aymeric III qu'il n'est pas toujours facile de distinguer de Pons de Gourdon-Gourdon.

Pons de Gourdon-Peyrille eut un fils, Aymeric V (Aymeric IV, c'est le frère de Pons), qui lui succéda.

Aymeric V (1) prit part à la lutte contre les Anglais et nous le voyons, en 1359, camper à Labastide-Fortanière pour les combattre (2). Il épousa Bertrande de Cardaillac et eut pour enfants Pons II et Aymeric VI (mort en 1422) qui vendirent, en 1410, aux consuls de Gourdon tout droit de leude et de péage dans toutes leurs possessions (3).

Cette branche des Gourdon-Peyrille devait finir au seizième siècle par la famille des Lagrange-Gourdon.

Les de Ricard de Ginouillac-Vaillac. — Vers la fin du quatorzième siècle, deux *nouvelles maisons* prétendent à une part de la seigneurie de Gourdon : c'est la famille des de *Ricard de Ginouillac-Vaillac*, et celle des *Cazeton*, barons de Salviac.

Les droits que les *de Ricard* possédaient sur notre ville, ils les avaient sans doute achetés, au moins en partie, aux Gourdon-Gourdon endettés, ou peut-être aussi acquis par le mariage d'un des leurs avec un membre de la maison de Gourdon (sans doute Alix, fille de Pons de Gourdon) (4).

L'alliance avec les Gourdon est très probable (5) mais nous ne savons pas quand et comment elle se fit. Quoi qu'il en soit, à la fin du quatorzième siècle,

(1) *Archives de Gourdon*. BB18, 17.
(2) *Lascoste*. — Histoire du Quercy, tome III, p. 149.
(3) *Archives de Gourdon*. — II5 f. 53; DD21, 83; BB18.
E. Albe. — Notes communiquées.
(4) *E. Albe*. — Autour de Jean XXII, p. 267.
(5) *E. Albe*. — Notes communiquées.

les de Ricard sont en possession d'une partie de la seigneurie et c'est à ce titre que nous devons les mentionner.

Leur établissement à Gourdon est ancien : on voit des Ricard installés dans notre ville dès le treizième siècle, comme il résulte du procès-verbal de l'Inquisiteur Pierre Cella où sont nommés Géraud Ricard et sa femme Etiennette, coupables d'avoir eu des relations avec les hérétiques (1).

Les de Ricard sont des bourgeois qui occupent à Gourdon une situation élevée : ils comptent parmi eux des consuls ou des conseillers du Consulat (2); certains d'entre eux sont de riches marchands, d'autres des hommes d'église comme ce Pierre Ricard qui fut sacriste d'Avignon et fonctionnaire de la Chambre Apostolique (1326) sous Jean XXII, d'autres enfin des hommes de loi dont le plus célèbre, au commencement du quatorzième siècle, est Me Raymond Ricard, éminent jurisconsulte (3).

La famille bourgeoise n'allait pas tarder à s'anoblir : en 1343, un Raymond Ricard est seigneur de Beaumat (4); à la même époque, un Arnaud Ricard est chevalier.

Les généalogies des de Ricard commencent à Pons, seigneur de Ginouillac, probablement parent (peut-être en ligne directe) de Raymond, seigneur de Beaumat.

Le chevalier Pons de Ricard fut, en effet, seigneur

---

(1) *Archives de Gourdon.* FF7, 203.
E. Albe. — L'Inquisition en Quercy.

(2) *Archives de Gourdon.* — GG12, 70 bis; CC38; DD2. n° 108; DD4, n° 310; CC40, 218; CC44. 412; FF7, 86.
E. Albe. — Notes communiquées.

(3) *Archives de Gourdon.* — FF7, 172; DD2, 109; BB18, f. 32.
E. Albe. — Notes communiquées : *Archives vaticanes* 113, f. 68; 117, f. 688.

(4) *Archives de Gourdon.* CC49.

de Ginouillac et coseigneur de Gourdon où il possédait une maison « l'hôtel de la Ricardie » qui fut démolie, en 1385, pour les besoins de la défense (1).

Pons joua un rôle actif pendant la guerre de Cent ans et défendit notre ville (2), mais sa fidélité à la cause française ne paraît pas avoir été bien grande : en 1368, il se jetait du côté des Anglais et, pour le punir de sa trahison, le duc d'Anjou, en janvier 1371 (nouv. style) le déclarait rebelle au roi de France et lui confisquait plusieurs de ses possessions pour les donner à Bernard de Pélegri, damoiseau du Vigan. Cette donation fut confirmée, la même année, par le roi Charles V (3).

Pons de Ricard comprit sans doute la leçon car, en 1373, il était revenu au roi de France et combattait les Anglais aux côtés de Marquès de Cardaillac, de Guillaume de Thémines, et de plusieurs autres seigneurs quercynois (4).

Pons eut un fils Jean Ier qui lui succéda (5).

Jean Ier de Ricard, coseigneur de Gourdon, intervint dans l'acte de 1379 dont nous parlerons plus loin et qui stipule que la seigneurie de Gourdon est divisée en seize parts dont l'une revient à Jean Ier (6). Il épousa, en 1383 (croit-on), une fille de Fortanier de Cazeton, seigneur de Salviac, Sibylle ou Cécile dont il eut plusieurs enfants (7) parmi lesquels Raymond, qui fut chanoine de Rodez, et *Pierre* qui recueillit la

(1) *E. Albe.* — Notes communiquées.
(2) *Archives de Gourdon.* CC18 f. 63.
(3) *E. Albe.* — Notes communiquées; Trésor des Chartes JJ. 113 f. 65; *Archives du Lot*, F. 52.
(4) *Lacoste.* — Histoire du Quercy, tome III, p. 239.
(5) *E. Albe.* — Notes communiquées.
(6) *Archives de Gourdon.* II5 f. 59.
(7) *Archives du Lot.* F. 427; *E. Albe.* — Notes communiquées.

succession paternelle et fut le père de Galiot Ier de Genouillac et le grand-père du second Galiot, le plus illustre (1).

Les Cazeton. — La famille de Cazeton s'était installée dans la seigneurie de Gourdon (où elle possédait la part qui avait jadis appartenu aux Gourdon-Salviac), par le mariage (en premières noces) de Pierre de Cazeton avec Sibylle de Jean, fille de Philippe II de Jean, successeur des de Balène à Salviac, et coseigneur de notre ville (2).

A la mort de Philippe II, Pierre de Cazeton (3) hérita des biens de son beau-frère et des droits qu'il avait sur Gourdon.

Le chevalier *Pierre de Cazeton* possédait un hôtel à Gourdon, vers 1362.

C'était un homme de loi réputé. Le roi Jean le Bon le garda longtemps auprès de lui comme conseiller et le fit, en 1354, sénéchal de Beaucaire (4). Sa renommée était si grande qu'après le traité de Brétigny, le roi d'Angleterre le chargea d'assister de ses conseils le prince de Galles (5). Les Papes eux-mêmes faisaient grand cas de son autorité et lui écrivirent plusieurs fois pour lui recommander telle ou telle affaire (6).

Les Gourdonnais étaient fiers de leur compatriote et lui témoignèrent leur admiration en le gratifiant, en août 1350, d'une somme de 200 livres tournois

---

(1) *Archives du Lot.* — F. 487; *E. Albe.* Notes communiquées.

(2) *E. Albe.* — Notes communiquées.

(3) *La famille de Cazeton* ou *Caseton tirait* son nom de Casecto ou Casato, village de la paroisse du Vigan, non loin de Saint-Projet.

(4) *Lacoste.* — Histoire du Quercy, tome III, p. 146, 158.

(5) Ibidem, p. 178.

(6) *E. Albe.* — Autour de Jean XXII, II p. 210-211.

lorsqu'il fut reçu docteur en droit (1).

Pierre de Cazeton, à la différence de son beau-père, Philippe de Jean, qui avait embrassé le parti anglais, était bon patriote et, malgré les marques de sympathie que lui donna le roi d'Angleterre, il n'hésita pas à entrer dans le mouvement de révolte contre les Anglais, en 1368, et fut le conseiller éclairé du duc d'Anjou (2).

Pierre de Cazeton s'était marié, en secondes noces, avec Delphine de Gourdon-Cénevières (vers 1367) (3); de ce mariage naquit Fortanier de Cazeton qui succéda à son père et fut, nous l'avons vu, tuteur des enfants de Jean II de Gourdon-Cénevières après la mort de celui-ci.

Fortanier de Cazeton intervint, en 1379, dans l'acte de partage de la seigneurie de Gourdon dont une part lui fut reconnue (4). Il eut deux filles : l'une, Sibylle ou Cécile, mariée à Jean Ier de Ricard, et l'autre, Marguerite, qui épousa Raymond Bernard de Durfort-Boissières et vendit la part des barons de Salviac sur la seigneurie de Gourdon à la famille de *Tustal*, à qui Raymond Ameil de Penne-Thémines la racheta, en 1453 (5).

Le comte d'Armagnac, principal seigneur de Gourdon. — Le comte Jean II d'Armagnac était entré dans la seigneurie de notre ville par l'achat qu'il avait fait

(1) *Archives de Gourdon*. BB3 f. 13.
(2) *E. Albe*. — Notes communiquées.
(3) *Lacoste*. — Histoire du Quercy, tome III, p. 90, 254, 225, 275, 270.
(4) Bulletin de la Société des Etudes du Lot, tome VI, p. 188. MM. Combarieu et Cangardel ont lu « Cesaco »; c'est Casalo qu'il faut lire.
Archives de Gourdon. II5.
(5) *E. Albe*. — Notes communiquées.
Lacoste. — Histoire du Quercy, tome III, p. 404.

à Marquès de Cardaillac d'une partie de ses droits sur Gourdon (9 mai 1379).

Deux mois après, il devenait, à la place des Thémines et de leurs héritiers, le *principal suzerain de la localité*.

Le 9 juillet 1379, en effet, Pons de Gourdon lui vendait ses droits sur la seigneurie pour la somme de 2.000 francs d'or; il lui cédait la partie du château qu'il possédait, et qui comprenait le grand portail, une tour, des salles, des chambres, une cuisine, une prison, une chapelle, etc., avec le droit d'établir un capitaine ou gouverneur dans le castel (1).

Aussitôt après cette vente, un accord intervenait d'après lequel la seigneurie de Gourdon était divisée en seize parts dont cinq appartiendraient au *comte d'Armagnac*, huit aux *consuls*, une à Pons de Gourdon-Gourdon, une à Jean Ier de Ricard, et enfin une à Fortanier de Cazeton, seigneur de Salviac (2).

Les Consuls n'étaient-ils pas satisfaits de voir le comte d'Armagnac devenir le principal suzerain de leur ville?... Toujours est-il qu'ils hésitèrent quelque temps à lui prêter serment de fidélité; ils durent cependant s'y décider et, le 16 octobre 1382, ils prononcèrent les paroles sacramentelles entre les mains de Bertrand de Cazals, procureur de Jean II d'Armagnac et son capitaine à Gourdon, mais ils déclarèrent qu'ils prêtaient le serment uniquement en vue d'éviter des soupçons mal fondés et que, désormais, ils ne devraient pas être obligés de le renouveler pas plus au comte d'Armagnac qu'à ses successeurs (3).

(1) *Archives de Gourdon*. II5; BB18 f. 55 ou 15, 56 à 58.
(2) *Archives de Gourdon*. Ibidem.
(3) *Archives de Gourdon*. II5.
Les comtes d'Armagnac devaient garder une partie de la seigneurie

Couronnement de l'œuvre consulaire; conclusion. — Durant tout le quatorzième siècle, les consuls n'avaient pas cessé d'augmenter leur puissance et leurs attributions.

L'accord de 1361 avait clos à leur plus grand avantage leur lutte contre les Thémines, et depuis ils exerçaient la justice, très librement. L'acte de 1379 venait de les rendre propriétaires de huit des parts de la seigneurie.

Ces victoires du Consulat furent complétées en 1383.

Le 4 octobre, les consuls passèrent, avec Jean II d'Armagnac, Jean de Gourdon-Cénevières et son neveu Fortanier de Cazeton, un accord par lequel les magistrats étaient admis au *pariage de la juridiction* avec leurs seigneurs (1).

Cet acte de 1383 peut, à juste titre, être considéré comme le *couronnement de l'œuvre consulaire* : simples administrateurs de la ville, aux pouvoirs presque illusoires au temps de la charte de 1244, les consuls, à la suite d'efforts persévérants, de progrès lents mais incessants, sont devenus les maîtres de la cité; l'acte de pariage nous les montre traitant d'égal à égal avec leurs suzerains; ils rendent la justice avec les viguiers en toute liberté; ils possèdent la moitié des parts de la seigneurie et, par là, on peut dire qu'ils sont, en quelque sorte, les véritables seigneurs de la ville dont l'administration leur est confiée.

L'acte de 1383 marque donc un tournant impor-

---

de Gourdon jusqu'au jour où ils perdirent à la fois tous leurs biens. Consulter le livre de M. Samaran sur « La maison d'Armagnac au XVe siècle ».

(1) *Archives de Gourdon*, II5; Voir le texte de l'acte de pariage dans le Bulletin de la Société des Etudes du Lot, tome VI (année 1880), p. 188 et suivantes.

tant de l'histoire Gourdonnaise; il est le point d'arrivée d'une évolution historique qui s'est poursuivie par l'affaiblissement de la puissance seigneuriale et le développement, à ses dépens, des pouvoirs et des droits du Consulat et de la Communauté.

Nous avons ainsi terminé notre étude, mais, en concluant, il convient de donner un aperçu de la ville de Gourdon et de l'ensemble des attributions de ses administrateurs à l'époque où nous sommes arrivés.

V. — La Communauté de Gourdon à la fin du XIVe siècle.

Le château de Gourdon. — Notre ville est alors dominée par le superbe *château-fort* qui s'élevait au-dessus des tours de l'église Saint-Pierre, couronnant, de sa hauteur massive, la butte de la colline aux flancs de laquelle la cité s'était développée.

Ce château était d'une grande ancienneté; il existait, nous l'avons vu, dès le dixième siècle, puisqu'en 961 le comte de Toulouse, Raymond Ier, le mentionnait dans son testament.

Les actes de vente, faits au comte d'Armagnac par Marquès de Cardaillac et Pons de Gourdon de leurs droits sur la seigneurie (1), nous permettent de nous faire une idée de ce que pouvait être le château de notre ville vers la fin du quatorzième siècle.

Il était entouré d'un grand *mur d'enceinte*, percé au moins de deux entrées : le *grand portail*, muni d'un

(1) *Doat*, vol. 200 f. 210.
Archives du Lot, F. 122.
Archives de Gourdon. II5 et BB18 f. 56 à 58 ou f. 12.

pont-levis et défendu par une barbacane, et le « *petit portanel* ».

A l'intérieur de l'enceinte s'étendaient des cours assez vastes.

Deux tours principales dominaient la formidable construction : la *Tour du Miral*, vraisemblablement à l'est, et la *Tour Brune*, sans doute à l'ouest; cette dernière permettait d'accéder, au sommet du castel, à un *jardin* qui fut longtemps la propriété de Pons de Gourdon.

Les bâtiments du château renfermaient diverses habitations : l'*hôtel des Thémines*, qui donnait sur la place Saint-Pierre; celui des Gourdon. Un escalier conduisait à la *grand'salle*. Parmi les *chambres*, il y en avait qui étaient réservées aux écuyers; d'autres, munies de leurs *aysinis* (commodités), étaient occupées par les seigneurs.

Un bâtiment spécial était affecté au logement des guerriers.

Une cuisine spacieuse, une vaste écurie et une citerne profonde, formaient le complément indispensable de l'habitation seigneuriale.

Le château renfermait, en outre, une *chapelle* dédiée à saint Barthélemy, et une *prison*, la « *preyonerie* », que le vulgaire désignait sous le nom d' « *Iffernet* ».

L'Église Saint-Pierre. — A côté du château, la piété des Gourdonnais avait élevé la grande église Saint-Pierre.

Mais cette belle construction, bien que commencée depuis 1303, était loin d'être achevée à la fin du quatorzième siècle; elle ne devait l'être qu'au début du seizième.

Vers 1303, les consuls et les habitants de Gourdon

avaient demandé à l'évêque de Cahors la permission de bâtir une église en l'honneur de saint Pierre leur patron (1).

L'autorisation épiscopale leur ayant été accordée, ils jetèrent les bases du grand édifice et établirent un impôt supplémentaire, dit taille « de la obra de la gleia », pour parer aux frais de sa construction (2).

En 1307, on s'occupait activement des travaux de maçonnerie, et l'administration communale passait un traité avec un habitant de la ville chargé de porter la pierre à bâtir (3).

En 1311, le gros œuvre était terminé ainsi que les chapelles et, dès 1335, l'église était livrée au culte puisqu'à cette date, l'évêque y donnait la confirmation (4).

Est-ce par suite des faibles ressources qui y étaient affectées ou de quelque autre cause que l'achèvement de l'édifice traîna en longueur?... Toujours est-il qu'en 1360 on y travaillait encore et qu'en 1490 la tour qui se trouve du côté du château était seule finie, celle qui regarde la rue Ségur ne l'était pas tout à fait (5).

L'ensemble ne fut achevé qu'en 1509; alors les vitraux manquaient encore, mais, vers 1514, tout était terminé.

La ville; ses fortifications. — Dominée par son château-fort et son église, la ville de Gourdon s'étendait sur le versant de la colline qui descend, au sud, en pente douce.

---

(1) *Lacoste.* — Histoire du Quercy, tome II, p. 421
(2) *Archives de Gourdon.* BB1 f. 11.
(3) *Archives de Gourdon.* CC41.
(4) *E. Albe.* Notes communiquées.
(5) *Archives de Gourdon* AA3 et BB18 passim.

Elle était entourée d'une forte ceinture de murailles, précédées d'un fossé que les Gourdonnais, ne pouvant facilement remplir d'eau, garnissaient de gros fagots de plantes épineuses (1).

Le rempart était percé de quatre portes : la porte Major et la porte du Roc, munies de barbacanes, la porte Ségur et la porte Saint-Jean (2).

De ces quatre entrées de la ville partaient des rues qui allaient converger sur la place de l'église, en traversant les divers quartiers ou *bandes* qui portaient souvent le nom de la principale famille qui y demeurait : c'est ainsi, par exemple, qu'il y avait la bande de Golême du nom de l'illustre maison d'Engolême qui y possédait une habitation (3).

Près de la place Saint-Pierre, il existait une *dernière enceinte* fermée par la *porte de la Voûte*, près de l'église, la *porte du Réduit*, et celle de la *Douve* ou *Douge* (4).

Les faubourgs et les monastères. — Hors des remparts de la cité, se trouvaient les faubourgs et les monastères.

Sous la protection des établissements religieux qu'ils entouraient, les *faubourgs* s'étaient développés au cours des siècles : au quatorzième siècle, on en comptait six : la Madeleine, les Clarisses, Dregolène, la Reclusie, Sainte-Catherine, La Chapelle (Saint-Siméon), la Condamine (près Saint-Siméon).

Les barrières des faubourgs étaient munies de portes qu'on fermait en cas d'attaque, notamment pen-

---

(1) *Archives de Gourdon* BB3 et CC17, 18, 19.
(2) *Archives de Gourdon* CC17, 18, 19.
(3) *E. Albe*. — Les suites du traité de Paris de 1259 pour le Quercy, p. 63, du tirage à part (extrait des Annales du Midi, 1911).
(4) *Archives de Gourdon*. CC17, 18.

dant la guerre de Cent ans (1).

Nés de la générosité des seigneurs Gourdonnais, les *monastères* florissaient, au quatorzième siècle, autour de la ville.

Le plus ancien était le *prieuré du Mont-Saint-Jean* à la fondation duquel nous avons assisté, en 1119, au temps d'Aymeric III et de Guillaume de Gourdon; le pape Calixte II, nous nous en souvenons, en avait posé la première pierre, et le monastère avait été donné (en 1120) à l'abbaye de Cluny (2).

Il dépendit plus tard du doyenné de Carennac et cessa d'avoir des moines à la fin du seizième siècle. Un religieux de Cluny le possédait et y entretenait un prêtre desservant; le dernier titulaire, appelé dom La Grand Roche, devait le réunir à la cure de Gourdon. En pleine prospérité au quatorzième siècle, il avait alors pour prieur dom Jean Farnieri (1331); dans la suite, ses revenus diminuèrent beaucoup par l'aliénation d'une partie de son temporel (en 1578) (3).

Le monastère des *Cordeliers* (encore appelés Frères Mineurs, ou Franciscains) avait été fondé, dans la seconde moitié du treizième siècle, par les seigneurs de Gourdon, à la suite des prédications dans le Quercy du Bienheureux Christophe, disciple de saint François d'Assise. Il devait être brûlé par Duras (en 1562), au cours des guerres de religion, et ses religieux égorgés (4).

Au quatorzième siècle, il était florissant; Gisbert IV de Thémines, après tant d'autres généreux donateurs,

---

(1) *Archives de Gourdon*. CC17.
(2) *Lacoste*. — Histoire du Quercy, tome II, pp. 22, 23.
(3) *Lacoste*. — Histoire du Quercy, tome II, p. 24 (note). Voir aussi : *E. Albe et A. Viré*. Le doyenné de Carennac.
(4) *Lacoste. Histoire du Quercy, tome IV*, p. 251.

l'avait enrichi de biens considérables, et il comptait, parmi ses moines, deux illustres hommes d'église, les cardinaux Guillaume Farinier et Fortanier de Vassal, qui furent généraux de l'ordre des Frères Mineurs.

Guillaume Farinier avait été élevé à la dignité de cardinal en 1356; né à Gourdon, il était entré jeune encore au couvent de Cordeliers de notre ville; et il y avait fait son noviciat et ses premières études; envoyé à Toulouse pour les continuer, il prit le titre de docteur en théologie. Bientôt distingué parmi ses frères en religion, il allait à Rome; en 1348, à Vérone, il était élu général des Cordeliers et faisait adopter pour son ordre les constitutions de saint Bonaventure qu'il avait révisées (depuis lors appelées Constitutions Farinières).

Quelques années après (1356), il était promu au cardinalat par Innocent VI qui lui donnait un prieuré dans le diocèse de Pamiers. Il mourut à Avignon, en 1361, laissant une grande réputation et un *traité du change*, où il s'était efforcé de réformer la notion erronée que l'on se faisait au Moyen âge du prêt à intérêt (1).

Le cardinal *Fortanier de Vassal* (2) était né au château de Vaillac; il avait pris l'habit de Cordelier dans le couvent de Gourdon; après avoir fait ses études de théologie à Paris, il ne tarda pas à montrer des qualités qui le firent remarquer parmi les autres religieux. En 1336, auprès du pape Benoît XII, il travaillait à la réforme des constitutions des Frères Mineurs; Clément VI le nomma vicaire-général des

(1) *Lacoste*. — Histoire du Quercy. tome III. p. 157; Bulletin Soc. Et. Lot, XV, 142.
(2) *Lacoste*. — Histoire du Quercy, tome III, p. 175.

Cordeliers; vers 1343, il était élu, à Marseille, général de son ordre. Nommé archevêque de Ravenne, puis patriarche de Grade (1351), il devenait cardinal, en 1361, sous le pontificat d'Innocent VI désireux de le récompenser des services qu'il avait rendus à l'église. Il mourait peu après à Padoue (1).

Le *couvent des Clarisses* avait été fondé, au commencement du quatorzième siècle (vers 1303) par Fayts de Thémines, veuve de Fortanier III; Fayts y avait pris le voile et en était devenue prieure (2).

En 1318, Guillaume de Thémines, dans son testament, fit des dons importants au nouveau monastère (3) auquel le pape Jean XXII accorda deux bulles : par la première, il le mit sous la protection des évêques voisins; par la seconde, il lui conféra des privilèges, avec la permission de recevoir des terres, et une indulgence de quarante jours pour les personnes qui visiteraient l'église du couvent pendant les fêtes des saints de l'ordre de Saint-François (4).

L'ADMINISTRATION DES CONSULS : LA JUSTICE. — L'administration de la ville, à la fin du quatorzième siècle est presque entièrement aux mains des consuls.

Durant la seconde partie du siècle, les magistrats ont continué les acquisitions des années précédentes et surtout le rachat de ce fameux droit de justice, de ces parts de la viguerie et de la leyde qui sont maintenant passées presque toutes en leur possession.

En 1341, l'héritier d'Arnaud d'Engolême, Géraud des Planels, leur a cédé le droit du défunt sur la

---

(1) *Lacoste.* — Hist. du Quercy, tome III, p. 175. Cf. *Ed. Albe, Autour de Jean XXII*, tome II, p. 30.

(2) *Lacoste.* — Hist. du Quercy, tome II, pp. 333 et 409.

(3) *E. Albe.* — Notes communiquées.

(4) *Lacoste.* — Hist. du Quercy, tome III, p. 12 et p. 17

leyde (1).

En 1363, ils ont acheté la part de Raymond de Verneuil; en 1366, celle de Guillaume d'Engolême, héritier d'Arnaud de Ricard; en 1367, celle de feu Pierre d'Engolême; en 1369, celle de Raymond d'Engolême, etc., etc. (2).

Ce pouvoir judiciaire qu'ils ont acquis avec tant de patience et d'opiniâtreté, les consuls l'exercent non seulement sur les habitants de Gourdon, mais même sur une partie de ceux qui résident aux environs. Leur juridiction s'étend, en effet, en dehors de la ville elle-même, sur presque tout le territoire de la commune actuelle : de Salepissou, au sud, près de la gare de Saint-Clair, à Peyrelevade, au nord, du côté de Payrac, au-dessus de Prouilhac; du Verdier, à l'est, jusqu'au-delà de la Fontade, à l'ouest.

La juridiction consulaire déborde même sur certains points les limites de la commune d'aujourd'hui puisqu'elle comprend : une partie de Cougnac (qui relève de nos jours de Payrignac); les terres de Grand Roque (qui dépendent de Concorès); Pechrigal et les Barradesques, qui sont actuellement dans le ressort de Saint-Clair (3).

Ce droit de justice, les consuls l'exercent avec *sévérité,* mais aussi, il faut le reconnaître avec M. le chanoine Albe, avec une assez grande équité (4).

Ils tiennent, au quatorzième siècle, des assises régulières, généralement le *lundi,* à moins qu'il n'y ait

---

(1) *Archives de Gourdon.* DD2 n° 260.
(2) *Archives de Gourdon.* II5 f. 53; DD2 209; BB 18 f. 32, 35; CC 44 98 bis; DD2 n° 247; BB18 f. 35.
E. *Albe.* — Notes communiquées.
(3) *E. Albe.* — Notes communiquées.
Archives de Gourdon. II5 passim, f. 33 à 115.
(4) *E. Albe.* — Notes communiquées.

ce jour-là une fête chômée.

A cette époque troublée où la brutalité est grande, les passions violentes, les consuls ont très fréquemment à châtier des vols et des crimes, et ils le font souvent avec la dernière cruauté.

Quelques-unes de leurs sentences, que nous nous plaisons à citer, donneront une idée de la rigueur de la justice consulaire, et des mœurs des Gourdonnais du Moyen âge.

En 1344, Peyre Jove, qui a dérobé du blé et divers objets, est condamné à être pendu aux fourches patibulaires de l'Estang (1).

En 1346, les voleurs d'une poule sont frappés de 10 sols d'amende et exposés au pilori avec la poule au col (2).

En 1347, Hélie Vayssière, pour avoir pris, dans la ferme d'Etienne Landes, au terroir de Résoulès, le miel de trois ruches, est banni de Gourdon, mais auparavant on lui ampute une oreille et on l'expose au pilori (3).

En 1349, une femme qui a volé est condamnée de même au bannissement et accepte la sentence (4).

Nous pourrions multiplier les exemples; ils abondent aux archives de Gourdon.

Si les vols sont fréquents, les *crimes* ne le sont pas moins et la dureté de la répression est souvent horrible comme les Coutumes elles-mêmes qui la prescrivent.

L'article 10 de la Charte prévoit que le meurtrier, dans certains cas, sera enseveli vivant sous le cada-

(1) *Archives de Gourdon.* II5 f. 33.
(2) *Archives de Gourdon.* BB18 f. 4.
(3) *Archives de Gourdon.* II5 f. 43.
(4) *Archives de Gourdon.* AA3 f. 3.

vre de sa victime; les consuls appliquent cette disposition sans pitié.

En 1329, Hélie del Bosc, de Payrac, ayant étranglé une jeune fille près de l'étang de Milhargues, est condamné au terrible châtiment de l'article 10 (1).

Même sentence, en 1331, contre Raymonde Benestève accusée d'infanticide (2), et, en 1339, contre Gasbert Boyer, convaincu d'avoir tué avec préméditation Bernard Larzelier de Gourdon (3).

La police de la ville, du commerce et de l'industrie. — En outre de l'administration de la justice, aux consuls est confiée la sauvegarde des intérêts de la cité et pour y pourvoir des *attributions de police* leur sont reconnues.

Ils sont chargés de la *police de la ville* et, à ce titre, font arrêter et incarcérer, dans la prison du Consulat, les délinquants et les criminels; ils ont soin de l'hygiène et de la sécurité publique : ils veillent à ce que les « privés » ou latrines n'incommodent pas la population, font réparer les fontaines, prennent les précautions nécessaires en cas d'incendie, etc., etc. (4).

Ils sont investis de même de la *police du commerce* et de l'*industrie*.

Le commerce à Gourdon, au Moyen âge, était assez prospère, les relations économiques actives non seulement avec les localités des environs et des contrées voisines mais aussi avec des villes du sud-ouest et du Midi beaucoup plus éloignées, notamment Bor-

(1) *Archives de Gourdon*. II5 f. 103.
(2) *Archives de Gourdon*. FF19.
(3) *Archives de Gourdon*. FF21; FF20 f. 2.
(4) *Archives de Gourdon*. DD1, 388; BB18 f. 293, 19, 44; BB1 f. 6.

deaux et Montpellier (1).

Les consuls ont la police des marchés et des foires, où les commerçants viennent, parfois de fort loin, vendre leurs marchandises (2).

A ce titre, ils réglementent la vente de la viande dans les *mazels* ou boucheries, celle du poisson qui possède un marché spécial le « mazel de la peichonerie », le poids du *pain*, tel que les boulangers sont tenus de le faire (3).

Ils ont établi un statut de la « *bladerie* » (4), la halle aux blés, dans lequel les taxes que la municipalité perçoit sur cette denrée varient selon les époques et les besoins de la ville.

Ils s'occupent des *foires* dont les plus importantes sont celles de la Saint-Denis, onze jours après la Saint-Michel : les marchandises qui y sont apportées ne peuvent franchir la limite de l'octroi sans payer un droit de péage ou de leude (5); toutefois, dans le but d'encourager le commerce, les consuls décident que pour les grandes foires de la Saint-Denis, il ne sera pas perçu de droits d'entrée (6).

Les consuls réglementent aussi l'*industrie*.

Celle-ci ne semble pas avoir été très développée à Gourdon, au Moyen âge; c'était le régime de la petite industrie à domicile, suffisante à pourvoir aux besoins restreints des habitants. Divers métiers prospéraient cependant : les *tanneurs*, les *savetiers*, les *chaudron-*

(1) *Archives de Gourdon*. FF1, 138.
Saume de l'Isle, f. 1159.
Sur les relations commerciales de Gourdon et de Montpellier au Moyen âge, voir le texte qui sera publié prochainement dans les Annales du Midi.

(2) *Archives de Gourdon*. BB1 f. 34.

(3) *Archives de Gourdon*. BB18 f. 19; DD2, 108, 119; II 5 f. 62: BB1.

(4) *Archives de Gourdon*. BB18; Voir Bulletin de la S. des Etudes, tome VI, p. 157, 158.

(5) *E. Albe*. — Notes communiquées.

(6) *E. Albe*. — Notes communiquées.

niers, les *merciers*, mais surtout les *drapiers* (1).

La spécialité de l'industrie gourdonnaise à cette époque consistait dans la fabrication d'un drap vert particulier, appelé drap « Gourdonnais » (2). Les consuls avaient établi un statut des cardeurs, dès 1315 : l'étoffe devait être très douce au toucher et de pure laine; des amendes étaient prononcées contre les drapiers qui ne tenaient pas compte de cette prescription (3).

Les consuls fixaient aux divers artisans les emplacements qu'ils devaient occuper pour dresser leurs étalages (4) : les merciers avaient la place de l'église; les « peyroliers » (chaudronniers), les « estanhiers », etc., la rue Saint-Jean; les « pelissiers », la rue Ségur; les drapiers la rue Major (du Majou) et une partie de celle du Roc; les savetiers et les corroyeurs les faubourgs du Roc et de la Chapelle, etc.

Les finances. — En outre de certains *impôts extraordinaires* établis, par exemple, pour faire face aux frais exceptionnels occasionnés par les grands travaux publics (construction de l'église Saint-Pierre, de la Maison du Consulat, 1328), la *caisse communale* était alimentée principalement par la taille et la leude dont nous avons parlé maintes fois, et par divers autres droits parmi lesquels deux taxes particulières, le cot et la gabelle.

Le *cot* était un droit spécial sur certaines marchandises; il y avait un fonctionnaire chargé de lever cet impôt, et un registre pour en inscrire les revenus.

---

(1) *Archives de Gourdon*. BB16 et 19.
(2) Doat, vol. 200, f. 37.
E. Albe. — Notes communiquées.
(3) *Archives de Gourdon*. BB18 f. 8.
(4) *Archives de Gourdon*. BB1 f. 16 et 19.

Celui qui refusait de payer le cot, voyait sa marchandise saisie par l'agent consulaire (1).

La *gabelle* n'était pas, comme on serait tenté de le croire au premier abord, le fameux droit sur le sel (2), mais une taxe à percevoir sur tous les vendeurs qui avaient des animaux de charge, chevaux ou ânes (3). L'émolument de la gabelle était affermé, en 1354, par les consuls et les conseillers, à Arnaud de Pouzals; celui-ci devra donner 19 deniers d'or par an à Géraud l'Iches, collecteur de cet impôt (4).

LES HÔPITAUX ET L'INSTRUCTION PUBLIQUE. — Les consuls avaient aussi à s'occuper de l'instruction publique et des hôpitaux.

Ils prenaient soin des *écoles*, du nombre d'élèves qu'elles pouvaient recevoir, se mêlaient du choix des régents. Ils donnaient parfois de fortes gratifications aux Gourdonnais qui obtenaient les palmes du *doctorat* : c'est ainsi qu'en 1350, Pierre de Cazeton, le célèbre jurisconsulte qui venait d'être reçu docteur en droit, avait reçu la somme de 200 livres tournois; la même année, Raymond Roques, à qui un grade analogue avait été conféré, s'était vu gratifier par la municipalité de 55 écus d'or (5).

L'administration des *hôpitaux* rentrait partiellement dans les attributions des consuls qui avaient la charge de l'hospice Saint-Siméon (6), et devaient aussi s'occuper des pauvres; ils avaient créé, dans ce but, un bureau de bienfaisance qui fonctionnait à périodes

(1) *Archives de Gourdon*. FF20 f. 168; CC39 f. 37.
(2) *E. Albe*. — Notes communiquées.
(3) *Archives de Gourdon*, CC48. 25; CC40 ou 46 n° 412.
(4) *Archives de Gourdon*. DD4 n° 310, 77 et 184.
(5) *Archives de Gourdon*. BB3 f. 13; CC17 f. 15.
(6) *Archives de Gourdon*. II5.

fixes et assumait la direction d'œuvres de secours aux indigents comme celle de « la charité de Pentecôte » ou celle « des pauvres vestir » (1).

LES LÉPREUX. — La charité municipale s'étendait aussi aux malheureux atteints de la terrible maladie qui sévissait si cruellement au Moyen âge, la *lèpre*.

Les lépreux ou « *malaudes* » étaient isolés du reste de la population et enfermés dans des hôpitaux spéciaux, appelés *léproseries* ou *maladreries;* notre ville en possédait deux : la *léproserie de Gourdon* et celle du *Mont-Saint-Jean* (2).

La condition de ces infortunés n'était pas à Gourdon plus douce qu'ailleurs. Afin d'éviter la propagation du mal, défense absolue était faite au lépreux, objet d'horreur et de dégoût, d'avoir des relations charnelles avec les personnes saines (3).

Les consuls étaient terribles pour les « malaudes » qui enfreignaient cette défense : c'est ainsi qu'en 1313, le lépreux Estienne Estève, ayant été accusé d'avoir eu des rapports coupables avec une femme bien portante, fut condamné à être brûlé vif (4).

RELIGION ET SUPERSTITION; LA SORCELLERIE. — A cette époque de foi ardente, les consuls s'intéressaient à tout ce qui concernait la *religion :* en 1288, nous l'avons vu, ils avaient passé avec le curé de Gourdon, un accord au sujet du casuel de celui-ci (5). Au quatorzième siècle, ils s'occupent de la construction de l'église paroissiale, des réparations nécessaires au

(1) *E. Albe.* — Notes communiquées.
(2) *E. Albe.* — Notes communiquées.
Archives de Gourdon. BB1 f. 23.
E. Albe. Les lépreux en Quercy.
(3) Les *lépreux* pouvaient néanmoins se marier entre eux.
Archives de Gourdon. FF11 f. 42.
(5) *Archives de Gourdon.* BB18 f. 38; Voir le texte de cet accord dans le Bulletin de la Société des Etudes du Lot, tome VI, p. 183.

mobilier de l'église et de certaines chapelles; ils nomment des marguilliers, des sonneurs de cloches, etc. (1).

Tout cela s'explique par le fait que les Gourdonnais du Moyen âge étaient profondément religieux : durant la guerre de Cent ans, en particulier, leur piété se manifestait constamment par des messes, des processions, des sermons, des vœux, afin de s'attirer la protection de la Providence (2).

Mais dans l'esprit de quelques-uns la *superstition* se mêlait à la religion.

La sorcellerie, qui a joué un si grand rôle au Moyen âge, sévissait à Gourdon et les poursuites auxquelles elle donnait lieu étaient fréquentes malgré la sévère justice des consuls qui se montraient cruels pour les sorciers.

Les archives municipales nous ont conservé certains procès de sorcellerie fort curieux : par exemple, celui de *Guillemette Robert* (3).

Le 9 juin 1317, les consuls furent avertis que cette personne était « fachillera » (sorcière); elle fut citée devant leur tribunal et déclara s'être contentée de donner de bons avis à ceux qui étaient venus la consulter.

C'est ainsi qu'elle avait reçu la visite du chevalier Hugues de Pélegri, poursuivi au sujet de la mort de Mgr Géraud de Salviac, qui venait s'informer auprès d'elle du moyen de pacifier ses ennemis. Elle lui avait donné le conseil suivant : « Cherchez une

(1) *Archives de Gourdon.* BB1 f. 32; CC48 n° 9.
(2) *Archives de Gourdon.* CC17, 18, 19; et les autres cahiers correspondant aux années de guerre.
(3) *Archives de Gourdon.* FF11 f. 123 à 126.
E. Albe. — Notes communiquées.

grenouille marquée d'une croix à l'épaule (!); mettez la dans un vase neuf; placez ce vase bien couvert près d'une fourmilière (*frumigiera*); revenez au bout de trois semaines : vous trouverez la grenouille rongée par les fourmis; prenez l'os de l'épaule droite; si avec cet os vous pouvez toucher la chair nue de votre ennemi, la paix renaîtra entre vous et lui. » Il paraît que la chose avait réussi!!!...

Guillemette Robert eut moins de succès avec une autre de ses clientes, Giralde de Pechredon.

Celle-ci voulait se faire aimer du chapelain de Salviac; la sorcière lui conseilla de faire avaler au personnage un philtre d'amour. Mais Giralde désirait, en outre, être garantie contre certaines conséquences de pareilles relations; la sorcière lui assura qu'elle serait à l'abri de tout risque en mettant au doigt un anneau fabriqué avec le fer d'une mule. Hélas! le philtre ne réussit pas et le chapelain ne devint pas amoureux.

Les consuls condamnèrent Guillemette Robert à être brûlée vive (« *a ardre in foc ardent* »). La même sentence fut prononcée contre une autre sorcière, disciple de Guillemette, Bernarde Bessona (1).

Relations de la Communauté et du Roi a la fin du quatorzième siècle. — Que dire des relations de notre ville avec la Royauté dans la seconde partie du quatorzième siècle? Ce sont les faits des années précédentes qui se renouvellent toujours les mêmes et il serait fastidieux de les énumérer : interventions de la justice royale dans les différends entre particuliers ou après appel, impôts royaux, subsides qui sont de plus en plus fréquents car la guerre de Cent ans sévit

(1) *Archives de Gourdon*. FF11 f. 123 à 126.

cruellement.

Cependant la Royauté est reconnaissante aux Gourdonnais du zèle qu'ils apportent à la défense de leur pays. C'est ainsi qu'en 1359, le maître des eaux et forêts des sénéchaussées de Toulouse, Albi et Bigorre envoie à ses agents une lettre du roi de France au trésorier des guerres Jacques Lempereur pour l'autoriser à couper des arbres dans la grande forêt de Grésinhe et à les vendre pour en donner le prix aux consuls de Gourdon afin de dédommager ceux-ci des pertes que la guerre leur fait subir (1).

En 1368-69, le roi accorde des dons ou des confirmations de privilèges aux habitants de notre ville en récompense de leur loyalisme (2).

Mentionnons, en 1375, une intervention de la justice royale, sur appel des viguiers et consuls, contre le lieutenant du sénéchal à Gourdon, Giscard d'Hébrard, damoiseau, qui les gêne dans l'exercice de leur juridiction (3).

En 1394, les consuls ont à payer 70 livres 10 sols pour les nouveaux acquets de biens nobles; il s'agit, ici, des parts de la viguerie appartenant à des nobles et que les magistrats ont achetées (4).

(1) *Archives de Gourdon.* EE1 n° 391.
(2) *Inventaire Greil.* — E. Albe. — Notes communiquées.
(3) *Archives de Gourdon.* FF7 n° 75.
(4) *Archives de Gourdon.* CC44 n° 98 bis.

LES THÉMINES

COSEIGNEURS DE GOURDON ET SEIGNEURS DE LA BOURIANE

(d'après les travaux de M. le Chanoine Albe)

GISBERT II DE THÉMINES

fils de Gisbert Ier et d'Agline, fondateurs de l'Hôpital-Beaulieu ;
Gisbert II est devenu coseigneur de Gourdon et seigneur de la Bouriane par son mariage avec Hélène de Gourdon-Salviac.
Par ses testaments de 1273 et de 1284, il partage ses biens entre ses deux fils : Gisbert III et Guillaume.

GISBERT III
chevalier-banneret en 1309 ;
héritier de son frère Guillaume Ier ;
épouse en premières noces Bertrande de Cardaillac
dont il n'a qu'une fille : *Bertrande de Thémines ;*
épouse en secondes noces Jeanne de Pons dont il a au moins *sept enfants* qui sont :

GUILLAUME Ier (dit de Gourdon)
meurt sans enfants de sa femme Galharde de Bagnac ;
laisse ses biens à son frère Gisbert III

FAYTS
mariée à Fortanier III ; devenue veuve, fonde le couvent des Clarisses de Gourdon.

AIGLINE

CÉCILE

BARRARE
épouse Pierre de Gontau

1er lit

BERTRANDE DE THÉMINES
épouse en 1308 Raymond de Cardaillac dont elle a :

GÉRAUD DE CARDAILLAC ET 8 AUTRES ENFANTS
épouse Douce de Thémines

MARQUÈS DE CARDAILLAC
mort sans enfants de ses deux femmes (1421) ;
héritier de Guillaume III de Thémines ;
vend au comte d'Armagnac une partie de ses droits sur Gourdon ; institue héritier de ses biens *Raymond Ameil de Penne,* fils de sa sœur Hélène.

HÉLÈNE DE CARDAILLAC
épouse Ratier de Penne, seigneur de Labastide de Penne et coseigneur de Belfort.

RAYMOND AMEIL DE PENNE
coseigneur de Gourdon ;
héritier de Marquès de Cardaillac (1421) ;
rachète aux Tustal la part de la seigneurie de Gourdon qu'ils tenaient des Cazelon de Salviac :
il meurt sans enfants, laissant :
1° la seigneurie de Saint-Cirq-Madelon au fils naturel de son frère Ratier, Guillaume de Saint-Cirq-Madelon.
2° la coseigneurie de Gourdon et la seigneurie de la Bouriane à *Dorde ou Déodat de Lauzières-Thémines.*

CATHERINE DE PENNE
épouse Rostaing II de Lauzières

DORDE OU DÉODAT DE LAUZIÈRES-THÉMINES
coseigneur de Gourdon ;
épouse Miracle de Cardaillac.

LES LAUZIÈRES-THÉMINES

RATIER II DE BELFORT,
a un fils naturel

GUILLAUME DE SAINT-CIRQ MADELON.

ET AUTRES ENFANTS

2me lit

GISBERT IV
succède à son père ; lutte contre les Consuls de Gourdon ; passe avec eux l'accord de 1339 ; meurt au siège de Tournai en 1340 ; a eu de sa 2e femme Almoys de Canillac plusieurs enfants, parmi lesquels :

GISBERT V, l'aîné
mort sans enfants.

GUILLAUME III (junior)
fut tout d'abord d'église, puis rentra dans le monde et épousa en 1res noces Marquèse du Fossat, et en 2mes noces Marquèse de Gourdon-Cénevières, veuve du seigneur Armand de Penne ;
il prit une part très active à la guerre de cent ans ;
il mourut sans avoir eu d'enfants de ses deux femmes et laissa ses biens à *Marquès de Cardaillac.*

RENAUD II ou REGINALD
vicaire général de l'évêque de Cahors.

ET AUTRES ENFANTS

GÉRAUD II
d'abord d'église ; puis entre dans l'armée ; tuteur des enfants de Gisbert IV, après la mort de celui-ci.

GUILLAUME II (senior)
fut d'église, chanoine de Charles et doyen de Mâcon ; tuteur des enfants de Gisbert IV après la mort de celui-ci ; lutte contre les consuls de Gourdon.

RENAUD Ier ou REGINALD
fut d'église, chanoine de Périgueux et juriste.

AIGLINE
prieure de l'Hôpital Beaulieu

BARASCON

BARRARE

LA MAISON DE GOURDON

DANS LA SECONDE PARTIE DU XIVe SIÈCLE

(d'après les travaux de M. le Chanoine Albe)

LES GOURDON-GOURDON

BERTRAND II
fils de Fortanier III

PONS
probablement fils de Bertrand II plutôt que de Fortanier V; relève la fortune de sa lignée; partage le château de Gourdon avec Guillaume de Thémines en 1363; vend ses droits sur Gourdon au comte d'Armagnac en 1379; il semble n'avoir eu que des *filles* et avec lui se serait éteinte la branche des Gourdon-Gourdon

FORTANIER V
émancipé en 1315.

OLIVIER
fut d'église; il avait, en 1316, un bénéfice dans le diocèse de Limoges.

Enfants de Pons :

ANNE
qui épouse un Cardaillac-Varaire

ALIX
qui épouse un de Ricard

LES GOURDON-SAINT-CIRQ-CÉNEVIÈRES

FORTANIER III DE GOURDON SAINT-CIRQ-CÉNEVIÈRES
mort vers 1347.

JEAN Ier
se distingue pendant la guerre de Cent Ans.

FORTANIER IV
mort en 1371; enterré à Saint-Jean-de-Laur

Enfants de Jean Ier :

JEAN II
succède à son père; épouse Hélips de Monestiers; se distingue pendant la guerre de Cent Ans et meurt en combattant, vers 1398.

FORTANIER V
entre dans l'église.

Enfants de Fortanier IV :

MARQUÈSE
mariée en premières noces à Armand de Penne La Guépie.

DELPHINE
qui épousa Pierre de Cazeton de Salviac.
FORTANIER DE CAZETON.

Enfants de Jean II :

JEAN III **MARGUERITE**
tous deux mineurs à la mort de leur père; leur tutelle est confiée à Fortanier de Cazeton, leur cousin; Jean III meurt assez jeune et a pour successeur *Jean de Penne Gourdon.*

Enfants de Marquèse :

JEAN DE PENNE-GOURDON
héritier des Gourdon-Cénevières; laisse par ses testaments ses biens à fils.

OLIVIER
mort vers 1400; fait de son frère l'héritier de ses biens.

Enfants de Jean de Penne-Gourdon :

PIERRE
chef de la branche des La Roque.

OLIVIER DE PENNE-GOURDON-CENEVIERES
teste en 1488; épouse Catherine de Cardaillac-Varaire puis Marquèse d'Hébrard de Saint-Sulpice.
LES PENNE GOURDON-CÉNEVIÈRES.

LES GOURDON-PEYRILLE

PONS DE GOURDON-PEYRILLE

AYMERIC V
prend part à la lutte contre les Anglais campé, en 1359, à Labastide-Fortanière; épouse Bertrande de Cardaillac.

PONS II
hommage en 1411; vend, en 1410, avec son frère Aymeric V, tout droit de leude et de péage aux consuls de Gourdon.

AYMERIC VI
mort en 1422.

La branche des Gourdon-Peyrille devait finir au XVIe siècle par la famille des Lagrange-Gourdon.

Deux nouvelles maisons en possession d'une part de la seigneurie de Gourdon

A LA FIN DU XIVE SIÈCLE.

(d'après les travaux de M. LE CHANOINE ALBE)

LES DE RICARD DE GINOUILLAC-VAILLAC

A la fin du XIVe siècle, ils sont en possession d'une part de la seigneurie de Gourdon. Ils sont très probablement alliés des Gourdon par le mariage d'un de leurs membres avec Alix, fille de Pons de Gourdon-Gourdou (f).

Au XIIIe siècle, *GÉRAUD RICARD* et sa femme *ÉTIENNETTE*, condamnés pour avoir eu des relations avec les hérétiques.

Au XIVe siècle, *PIERRE RICARD*, sacriste d'Avignon et fonctionnaire de la Chambre Apostolique sous Jean XXII.

RAYMOND RICARD, éminent jurisconsulte.

PONS DE RICARD, seigneur de Ginouillac, Auzac, St-Projet, etc. coseigneur de Gourdon, joue un rôle actif pendant la guerre de Cent Ans. En 1368, trahit la cause française et se jette du côté des Anglais. Vers 1373, revient au loyalisme français.

JEAN Ier DE RICARD, coseigneur de Gourdon, succède à son père Pons ; épouse, en 1383, Cécille ou Sibylle de Cazeton ; recueille une part de la seigneurie de Gourdon dans le partage de 1379.

PIERRE	PONS	JEAN	RAYMOND
épouse Anne de la Tour 1420.			chanoine de Cahors 1404.

JEAN II	GALIOT Ier	JEAN III
épouse Jeanne de Rassiols	grand maître de l'artillerie; épouse Catherine de Flameng	épouse Catherine du Bosc

JACQUES GALIOT II	ET AUTRES ENFANTS
1546 surnommé le Grand.	

LES CAZETON, BARONS DE SALVIAC

PIERRE DE CAZETON, docteur en droit, coseigneur de Gourdon, épouse en premières noces *Sibylle de Jean* et par ce mariage acquiert une part de la seigneurie de Gourdon ; c'est un homme de loi réputé ; il est successivement conseiller de Jean le Bon, du prince de Galles, du duc d'Anjou ; il entre dans le mouvement de révolte contre les Anglais, en 1368.

FORTANIER DE CAZETON	JEAN DE CAZETON
succède à son père Pierre ; en 1379, il intervient dans le partage de la seigneurie de Gourdon, dont il recueille une part.	qui fut d'église, frère Mineur, évêque de Bazas.

MARGUERITE	SIBYLLE ou CÉCILE
épouse Raymond Bernard de Durfort-Boissières, et vend aux *Tustal* les droits des Cazeton sur la seigneurie de Gourdon ; ces droits *seront rachetés aux Tustal par Raymond Amiel de Penne-Thémines*, en 1453.	épouse Jean Ier de Ricard.

LES DURFORT-BOISSIÈRES

TABLE ANALYTIQUE DES MATIÈRES

CHAPITRE II

Les premières Informations historiques et les Origines de la Maison de Gourdon.

CHAPITRE III

Puissance de la Maison de Gourdon et apparition de la vie communale (de la fin du douzième siècle jusque vers 1260).

CHAPITRE V

La ruine de la branche directe de la Maison de Gourdon et ses conséquences. — Nouveaux progrès du Consulat (première moitié du quatorzième siècle).

I. — La ruine des Gourdon-Gourdon sous les fils de Fortanier II.

Bertrand II de Gourdon; nouvelles difficultés financières. — Aliénation de Labastide et de Frayssinet. — La situation s'aggrave. — La débâcle et la ruine. — Conséquences. — Les autres coseigneurs de Gourdon : le Gourdon-Cénevières. — Les Gourdon-Peyrille. — Autres coseigneurs.

II. — Nouveaux progrès du Consulat.

Le rachat des droits seigneuriaux; établissement d'un impôt extraordinaire. — Conséquence de la mauvaise répartition de l'impôt extraordinaire. — Conflits relatifs aux élections et à l'administration consulaire. — Acquisitions consulaires : le droit de sirventage; la viguerie et la leyde. — Nouvelles difficultés entre les consuls et les viguiers. — Relations de la Communauté et du Roi. — Etats généraux de 1309. — La justice royale. — L'impôt royal : droit de franc-fief, amendes sur les contrats usuraires, subsides au roi.

CHAPITRE VI

Puissance des Thémines et leur lutte contre les Consuls. — Le comte d'Armagnac, principal seigneur de Gourdon. — La Communauté vers la fin du quatorzième siècle.

I. — *Puissance des Thémines et leur lutte contre les Consuls.*

Le développement de la puissance des Thémines. — Lutte des Thémines et des Consuls; ses débuts. — Gisbert IV de Thémines; la lutte devient plus aiguë. — L'accord de 1339. — Courte durée de la réconciliation. — Meurtre de Peyre Delmouli; reprise de la lutte. — Apreté de la lutte; attentats seigneuriaux.

II. — *Réconciliation des Thémines et des Consuls devant le péril anglais.*

Une guerre de trois cents ans. — Les débuts de la guerre de Cent ans dans le Haut-Quercy. — Gourdon en danger; les mesures de défense. — Prise de Domme par les troupes du sénéchal. — La Royauté impuissante à secourir Gourdon. — Expédition des Gourdonnais dans les bois de la Dame. — Le rachat de Nadaillac. — Réconciliation des Thémines et des Consuls; victoire du Consulat.

III. — *Fin de la suzeraineté des Thémines.*

Bonne entente entre les Thémines et les Consuls. — L'héritage des Thémines; achat de la plus grande partie de leurs droits sur Gourdon par le comte Jean II d'Armagnac.

IV. — *Les coseigneurs de Gourdon dans la deuxième partie du quatorzième siècle. — Le comte d'Armagnac, principal suzerain de notre ville. — Le couronnement de l'œuvre consulaire.*

Les Gourdon-Gourdon; extinction de leur lignée. — Les Gourdon-Cénevières. — Les Gourdon-Peyrille. — Les de Ricard de Ginouillac-Vaillac. — Les Cazeton,

ERRATAS

Page 5, (11e ligne).— *Au lieu de* : son histoire au Moyen Age, *lire :* son histoire du Moyen Age.

Page 11, (note 3).— *Au lieu de* : Alt-Geltischer, *lire :* Alt-Celtischer.

Page 12, (dernière ligne).— *Au lieu de :* le *bassin crétacé et tertiaire* (1), *lire* : le *bassin crétacé et tertiaire* (2).

Page 12, (en note).— *Au lieu de :* (1) Qu'il nous soit permis, *lire* : (2) Qu'il nous soit permis.

Page 23, (ligne 2).— *Au lieu de :* Castelnau, *lire :* Castelnaud.

Page 46, (ligne 23).— *Au lieu de :* que Lacoste (3), comme Fouilhac (4), aient pu rattacher, *lire :* que Lacoste (3), comme Fouilhac (4), ait pu rattacher.

Page 78, (tableau généalogique).— *Branche des Gourdon-Saint-Cirq. Au lieu de* : épouse Alamandé de Turenne, *lire :* épouse Alamande de Turenne.

Branche des Gourdon-Castelnau.— Au lieu de : Ratier II seul maitrc, *lire :* Ratier II seul maitre.

Branche des Gourdon-Salviac.— Au lieu de : peut-être neuveu, *lire :* peut-être neveu.

Page 87, (note 3).— *Au lieu de :* chevaliers et damoiseaux de Frayssinet, de St-Chamarand et leurs dépendances. Il fut convenu que Fortanier n'aurait le droit de de St-Cirq-Bel-Arbre, au sujet de la juridiction de ces lieux et de l'y exercer, etc., *lire :* chevaliers et damoiseaux de Frayssinet, de Saint-Chamarand et de St-Cirq-Bel-Arbre, au sujet de la juridiction de ces lieux et de leurs dépendances. Il fut convenu que Fortanier n'aurait le droit de l'y exercer, etc.

Page 123, (av. dern. ligne).— *Au lieu de :* chefs de la caisse communale, *lire :* clefs de la caisse communale.

Page 148, (ligne 16).— *Au lieu de* : Parlement des Paris, *lire :* Parlement de Paris.

Page 151, (ligne 12).— *Au lieu de :* après s'être faits donner, *lire :* après s'être fait donner.

Page 188, (ligne 25).— *Au lieu de :* suffisante à, *lire :* suffisant à.

Page 190, (lignes 1 et 2).— *Au lieu de* : Celui qui refusait de payer le cot, voyait sa marchandise saisie par l'agent consulaire, *lire* : Celui qui refusait de payer le cot voyait saisir sa marchandise par l'agent consulaire.

Mettre une Virgule :

Page 12, dern. ligne de la note 1.— *Entre* : au mot *Gourdon, et* : et les ouvrages.

P. 14, ligne 7.— *Entre* : Ardouin Dumazet, *et* : le grand

voyageur.

P. 18, av. dern. ligne.— *Entre* : se prolonge, *et* : le long de la vallée.

P. 23, ligne 7.— *Entre* : Périgord, *et* : entre.

P. 25, ligne 2.— *Entre* : la mer, *et* : qui avait envahi.

P. 25, ligne 20.— *Entre* : les phénomènes d'érosion, *et* : qui se manifestent.

P. 29, ligne 22.— *Entre* : poteries, *et* : en assez grand nombre.

P. 29, ligne 24.— *Entre* : M. Viré, *et* : qui a visité.

» » *Entre* : 1915, *et* : y a trouvé.

P. 31, ligne 9.— *Entre* : au nord-ouest, *et* : dans le Sarladais.

P. 34, ligne 6.— *Entre* : tout en réservant, *et*, jusqu'à plus.

P. 41, ligne 6.— *Entre* : nous l'avons dit (1), *et* : il y a.

P. 42, lignes 24, 25.— *Entre* : pouvoir faire état, *et* : dans notre étude. — *Entre* : dans notre étude, *et* : de la lettre.

P. 43, ligne 1.— *Entre* : notre opinion, *et* : c'est la.

P. 45, ligne 27.— *Entre* : du dix-neuvième siècle, *et* : était donc fondée.

P. 46, ligne 23.— *Entre* : que Lacoste (3), *et* : comme Fouilhac (4). — *Entre* : comme Fouilhac (4), *et* : ait pu rattacher.

P. 48, ligne 1.— *Entre* : les textes, *et* : nous allons maintenant.

P. 49, ligne 1.— *Entre* : D'autre part, *et* : si la postérité.

P. 50, ligne 5.— *Entre* : il lui en donne un autre, *et* : Frotaire.

P. 53, lignes 3 et 4.— *Entre* : Magne, femme d'Aymeric de Gourdon, *et* : qui, en 1180,.

P. 54, ligne 24.— *Entre* : l'année suivante, *et* : Guillaume.

P. 55, ligne 9.— *Entre* : Le pape Calixte II accorda, *et* : la même année.

P. 55, ligne 9.— *Entre* : la même année, *et* : des privilèges.

P. 56, ligne 3 de la note 1.— *Entre* : ont été forgées, *et* : d'ailleurs, plusieurs siècles.

P. 60, ligne 26.— *Entre* : du Quercy, *et* : allait avoir.

P. 63, ligne 18.— *Entre* : que le Bertrand, *et* : écorché vif.

P. 65, ligne 4.— *Entre* : château de Montbrun, *et* : sur le Lot.— *Entre* : sur le Lot, *et* : à Dorde Barasc.

P. 66, ligne 15.— *Entre* : à son tour, *et* : fait l'éloge.

P. 66, ligne 22.— *Entre* : Mathieu, *et* : qui avait embrassé.

P. 68, ligne 5.— *Entre* : autorité seigneuriale, *et* : qui va chercher.

P. 68, av. dern. ligne et dern. ligne.— *Entre* : Raymond VI (en 1222), *et* : s'était réconcilié.

P. 69, lignes 4 et 5.— *Entre* : étonnés de voir, *et* : en janvier 1245.— *Entre* : (nouveau style), et : Fortanier II.

P. 69, ligne 18.— *Entre* : dix-neuvième siècle, *et* : le nom glorieux.

P. 70, lignes 2 et 3.— *Entre* : *medicinae»*, *et* : qui eut une grande réputation.— *Entre* : traité de thérapeutique, *et* : et le «de Signis.

P. 76, ligne 17.— *Entre* : la communauté, *et* : seront.

P. 81, ligne 6.— *Entre* : cet affaiblissement, *et* : qui résultera.

P. 82, lignes 11, 12.— *Entre* : Guillaume de Gourdon-Salviac, *et* : Aymeric II de Malemort.

P. 85, ligne 10.— *Entre* : le seigneur de Gramat, *et* : Hugues de Castelnau.

P. 87, ligne 7.— *Entre* : de Payrac, *et* : avec quelques terres.

P. 88, ligne 11.— *Entre* : de Gisbert II (1000 livres), *et*: le roi de France.

P. 92, ligne 2.— *Entre* : pour les habitants, *et* : le désir.

P. 92, ligne 27.— *Entre* : naquirent, *et* : quelques années à peine.

P. 95, lignes 11, 12.— *Entre* : précédents, *et* : suivis.

P. 103, lignes 11, 12.— *Entre* : la forêt de la Dame, *et* : entre Payrac.— *Entre* : Calès, *et* : malgré la défense.

P. 106, lignes 15, 16.— *Entre* : Géraud de Sabanac, *et* : leur écrivit.

P. 118, lignes 12, 13.— *Entre* : Fortanier IV, *et* : conservait.

P. 120, lignes 2 et 3.— *Entre* : recueillit, *et* : avec les possessions.

P. 123, ligne 19.— *Entre* : mais, *et* : dans la levée.

P. 124, ligne 27.— *Entre* : le pas décisif, *et* : vers l'acquisition.

P. 129, lignes 8, 9.— *Entre* : habitant de Gourdon, *et* : passant.— *Entre* : baylie de Domme, *et* : et le citer.

P. 129, ligne 25.— *Entre* : les consuls, *et* : qui depuis.

P. 130, ligne 11.— *Entre* : Le *droit de franc-fief*, *et* : qui frappait.

P. 131, ligne 13.— *Entre* : *conséquences*, *et* : les progrès

P. 138, ligne 20.— *Entre* : de son épouse, *et* : Galharde de Bagnac.

P. 138, ligne 24.— *Entre* : femme, *et* : Bertrande de Cardaillac.

P. 139, ligne 5.— *Entre* : Géraud, *et* : qui fut tonsuré.

P. 139, ligne 8.— *Entre* : son frère, *et* : Gisbert.

P. 139, ligne 10.— *Entre* : Guillaume II, *et* : qui fut d'église

P. 139, ligne 13.— *Entre* : son frère, *et* : Géraud.

P. 139, ligne 15.— *Entre* : Renaud, *et* : qui entra.

P. 140, lignes 15, 16.— *Entre* : puissance, *et* : aux intérêts

P. 140, ligne 25.— *Entre* : et les consuls, *et* : dès 1315.

P. 145, lignes 16, 17.— *Entre* : Jeanne de Pons, *et* : vint séjourner.

P. 146, ligne 25.— *Entre* : du castel, *et* : donnait.

P. 147, ligne 1.— *Entre* : pour la préserver, *et* : elle et sa famille.

P. 152, ligne 25.— *Entre* : reprise, *et* : plus âpre que jamais.
P. 154, ligne 22.— *Entre* : quand, *et* : sous Philippe VI.
P. 157, lignes 12, 13.— *Entre* : près de Caniac, *et* : et s'y étaient retranchés.
P. 158, dern. ligne.— *Entre* : de Roc-Amadour, *et* : où les Anglais.
P. 161, ligne 2.— *Entre* : Gourdon, *et* : qui avaient autant
P. 161, ligne 6.— *Entre* : Mais, *et* : après la défaite.
P. 163, ligne 27.— *Entre* : de 100 sous, *et* : au profit.
P. 165, ligne 12.— *Entre* : d'ailleurs, *et* : favorablement
P. 165, ligne 28.— *Entre* : Marquèse, *et* : étant descendue
P. 166, ligne 9.— *Entre* : sa sœur, *et* : Douce de Thémines
P. 173, ligne 9.— *Entre* : (nouveau style), *et* : le déclarait
P. 184, ligne 8.— *Entre* : siècle (vers 1303), *et* : par.
P. 184, lignes 21, 22.— *Entre* : quatorzième siècle, *et* : est presque.
P. 194, ligne 7.— *Entre* : trésorier des guerres, *et* : Jacques Lempereur.— *Entre* : Jacques Lempereur, *et* : pour l'autoriser.

Suppprimer la virgule :

P. 46, ligne 44.— *Entre* : à la cathédrale de Cahors, *et* : à l'église.
P. 81, ligne 19.— *Entre* : majeure partie, *et* : et représentent.
P. 82, lignes 9, 10.— *Entre* : Castelnau-Montratier, *et* : et celui des Gourdon-Peyrille.
P. 103, ligne 10.— *Entre* : habitants de la ville, *et* : qui allaient couper.
P. 124, lignes 5, 6.— *Entre* : les parties, *et* : qui maintenait.
P. 165, lignes 12, 13.— *Entre* : favorablement, *et* : la plainte des magistrats.— *Entre* : magistrats, *et* : et leur permet.
P. 172, ligne 6.— *Entre* : siècle, *et* : comme il résulte.
P. 190, ligne 1.— *Entre* : le cot, *et* : voyait.
P. 190, ligne 26.— *Entre* : de l'hospice St-Siméon (6), *et* : devaient aussi.

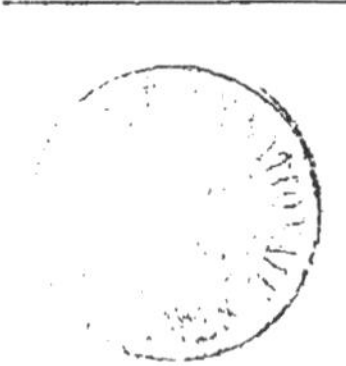

www.ingramcontent.com/pod-product-compliance
Ingram Content Group UK Ltd.
Pitfield, Milton Keynes, MK11 3LW, UK
UKHW020950230726
13923UKWH00007B/231

9 782329 044798